Michael Hartwig

Killerphrasen

Killerphrasen

und wie man sie vermeidet

Michael Hartwig

Impressum

Bibliografische Information der Deutschen Nationalbibliothek: Die Deutsche Nationalbibliothek verzeichnet diese Publikation in der Deutschen Nationalbibliografie; detaillierte bibliografische Daten sind im Internet über http://dnb.dnb.de abrufbar.

Verlag: BoD · Books on Demand GmbH, Überseering 33, 22297 Hamburg, bod@bod.de

Druck: Libri Plureos GmbH, Friedensallee 273, 22763 Hamburg
ISBN: 978-3-8192-6686-7

Inhaltsverzeichnis

II

Einleitung

Killerphrasen sind rhetorische Floskeln, die Gespräche beenden, bevor sie richtig begonnen haben. Sie tauchen häufig in alltäglichen Diskussionen auf - in der Familie, im Klassenzimmer, am Arbeitsplatz oder in politischen Debatten - und erscheinen als scheinbar harmlose Bemerkungen, die jedoch eine tiefer gehende Auseinandersetzung gezielt verhindern. An die Stelle eines Arguments tritt eine pauschale Feststellung, die jede Nachfrage entmutigt: „Das war schon immer so", „Da kann man nichts machen", „Das ist nun mal so", „Das ist eben der Wille der Mehrheit". Was diese Sätze verbindet, ist ihre suggestive Endgültigkeit. Sie klingen wie Einsichten, sind aber Denkblockaden. Sie wirken, indem sie Alternativen unsichtbar machen.

Gerade in dieser scheinbaren Selbstverständlichkeit liegt die Gefahr von Killerphrasen. Sie blockieren Erkenntnis, weil sie dem Gegenüber signalisieren, dass weitere Fragen unerwünscht sind. Wer zum Beispiel auf die Kritik an medizinischer Ungleichbehandlung mit „Jeder ist für seine Gesundheit selbst verantwortlich" reagiert, beendet nicht nur die Diskussion über strukturelle Krankheitsursachen, sondern schiebt auch die Schuld von den Systemen auf die Individuen. Killerphrasen entziehen sich der Verantwortung, indem sie Zustände als gegeben, als „naturgegeben" oder „alternativlos" darstellen. Wer sagt: „Der Markt wird es schon richten", behauptet damit nicht nur eine ökonomische Logik, sondern auch deren Unangreifbarkeit - und das oft ohne weitere Begründung.

Zudem erzeugen Killerphrasen eine trügerische Form von Einigkeit. Sie klingen nach „gesundem Menschenverstand" oder pragmatischer Nüchternheit, transportieren aber oft unreflektierte Vorurteile, Ideologien oder Machterhaltungsinteressen. Gerade weil sie oft unauffällig daherkommen, sind sie besonders wirksam. Sie dienen nicht der Verständigung, sondern der Abwehr: gegen Widerspruch, gegen Kritik, gegen Veränderung.

In einer demokratischen Kultur, die auf Dialog und Lernfähigkeit angewiesen ist, sind Killerphrasen deshalb besonders problematisch. Sie untergraben die Fähigkeit zur ernsthaften Auseinandersetzung mit Gegenpositionen und gefährden damit die Grundlagen jedes offenen Diskurses. Wer Killerphrasen erkennt, kann sie durchbrechen - und das Gespräch wieder in Bewegung bringen. Dieses Buch will dazu einladen, genau hinzuhören, typisches rhetorisches Abwehrverhalten zu analysieren und Wege aufzuzeigen, wie man jenseits solcher sprachlichen Blockaden wieder in ein produktives Gespräch kommt.

Diskursvermeidung ist selten bloßer Zufall oder Ausdruck von Bequemlichkeit - oft ist sie eine bewusste oder zumindest eingeübte Machtstrategie. Wer Diskurse vermeidet, kontrolliert nicht nur, worüber gesprochen wird, sondern auch, was überhaupt sichtbar und verhandelbar bleibt. Indem bestimmte Themen, Perspektiven oder Fragen mit Killerphrasen abgewürgt werden, wird der Raum des Sagbaren gezielt verengt. Dabei geht es nicht nur um die Verteidigung eines Arguments, sondern um die Verteidigung einer Ordnung - sei es in der Familie, im Unternehmen, in der politischen Arena oder im wissenschaftlichen Diskurs. Diskursvermeidung schützt Hierarchien, Stabilitäten,

Routinen. Wer sie betreibt, gibt sich oft betont gelassen oder pragmatisch, signalisiert: „Ich habe Besseres zu tun" oder „Das führt zu nichts". Doch hinter dieser vermeintlichen Gelassenheit verbirgt sich nicht selten der Versuch, Widerspruch gar nicht erst aufkommen zu lassen.
Der Effekt solcher Strategien ist nicht nur die Beendigung einer Diskussion, sondern auch die Schwächung derer, die sie führen wollen.

Wer mit einer Killerphrase konfrontiert wird, fühlt sich oft sprachlos, abgewertet, lächerlich gemacht oder belehrt. Das erzeugt Unsicherheit und führt langfristig zur Selbstzensur. So verfestigen sich gesellschaftliche Machtverhältnisse nicht nur durch Gesetze oder Institutionen, sondern auch durch Sprache - genauer: durch sprachliche Abwehrtechniken, die kritische Fragen als naiv, überzogen oder unnötig abtun. Gerade deshalb ist das Erkennen solcher Strategien ein erster Schritt zur Emanzipation. Wer versteht, dass hinter dem scheinbar harmlosen Satz „Das hat doch alles keinen Sinn" nicht Resignation, sondern Herrschaft steckt, kann beginnen, dieser Herrschaft zu widersprechen - nicht laut, nicht polemisch, sondern klar: mit Worten, die offen halten, was andere schließen wollen.

Das Buch versteht sich als praktischer Leitfaden für die Gesprächsführung. Es will für jene rhetorischen Mechanismen sensibilisieren, mit denen Diskussionen nicht durch überzeugende Argumente, sondern durch den Einsatz routinierter Abwehrphrasen zum Stillstand gebracht werden. Dabei geht es nicht darum, diejenigen, die solche Phrasen verwenden, anzuklagen, sondern ihre Funktion im jeweiligen Diskurskontext zu erkennen. Denn Killerphrasen sind nicht nur individuelle Sprechakte, sondern Teil größerer kommunikativer Machtverhältnisse.

Ziel dieses Buches ist es, den Leserinnen und Lesern sprachliche Werkzeuge an die Hand zu geben, mit denen sie solchen Gesprächsverweigerungen begegnen können - nicht mit Gegenaggression oder bloßer Denunziation, sondern mit Strategien der Öffnung: durch begriffliche Klärung, beharrliches Nachfragen, Perspektivwechsel, Kontextualisierung und nicht zuletzt durch die Kunst des genauen Zuhörens. Es geht darum, das Gespräch dort fortzusetzen, wo andere es abbrechen wollen - sachlich, respektvoll, aber bestimmt.

Klar ist: Nicht jede Diskussion kann gerettet werden. Aber wer aufhört zu reden, bevor er angefangen hat, überlässt das Feld denen, die am lautesten behaupten, es gäbe nichts mehr zu sagen. Dem will dieses Buch etwas entgegensetzen - nicht mit dem Anspruch letzter Wahrheiten, sondern mit dem Vertrauen in den Wert des Gesprächs.

Gliederung und methodisches Vorgehen

Das Buch gliedert sich in zehn thematische Kapitel: Gesundheit, Wirtschaft, Technologie, Demokratie, Kunst, Wissenschaft, Bildung, Religion, Ökologie und Gender. Jedes dieser Felder ist ein typischer Schauplatz von Killerphrasen, also jenen rhetorischen Formeln, mit denen Diskussionen abgewürgt, verkürzt oder kontrolliert werden.

In jedem Kapitel werden prägnante Killerphrasen vorgestellt. Eine davon wird exemplarisch vertieft analysiert und mit konkreten Gesprächseröffnern versehen. Die übrigen

Phrasen werden kompakter kommentiert und in ihren jeweiligen Diskurskontext eingeordnet.

Mit dieser Auswahl werden zwei zentrale Ziele verfolgt: Zum einen soll sie zeigen, wie vielfältig die Formen sprachlicher Diskursvermeidung sind - und wie tief sie in unseren Alltagsgesprächen verankert sein können. Zum anderen soll sie dazu ermutigen, solchen Formulierungen nicht sprachlos gegenüber zu stehen, sondern ihnen argumentativ, offen und reflektiert zu begegnen. Die vorgestellten Reaktionsweisen orientieren sich dabei nicht an Schlagfertigkeit oder moralischer Überlegenheit, sondern an diskurspraktischer Handlungsfähigkeit. Sie fragen: Wie kann ein blockiertes Gespräch wieder geöffnet werden? Welche Missverständnisse liegen bestimmten Aussagen zugrunde? Was wird ungeprüft behauptet? Und: Welche Formen der Erwiderung fördern ein Gespräch, statt es zu unterbrechen?

Am Ende jedes Kapitels steht ein kurzer Denkanstoß, der zur Übertragung der behandelten Phrasen auf andere Kontexte anregt. Im Anhang finden sich ein alphabetisches Phrasenregister, ein Glossar zentraler Begriffe sowie eine Auswahl weiterführender Literatur. Das Buch versteht sich als Einladung zum Nachdenken - vor allem aber als Einladung zum Weiterreden.

Das Gegenteil einer Killerphrase ist nicht einfach eine „gute Antwort", sondern eine sprachliche Geste, die ein Gespräch öffnet, statt es zu schließen. Während Killerphrasen Diskussionen beenden oder umlenken, wirken ihre Gegenstücke in die entgegengesetzte Richtung: Sie regen zum Weiterdenken an, vertiefen die Diskussion, lassen

Unsicherheit zu, formulieren Zweifel oder stellen eine Frage, statt ein endgültiges Urteil zu fällen.

In solchen Situationen helfen Formulierungen, die das Gespräch eröffnen, die zum Weiterdenken einladen. Sätze, die Zweifel begründen und Raum für einen Diskurs bieten. Kritische Interventionen ermöglichen den Austausch von Argumenten, fördern den Dialog und vermeiden Phrasen.

Kapitel 1.1 Gesundheit
„Das ist halt genetisch bedingt."
Diese Aussage klingt nach wissenschaftlicher Autorität, nach biologischer Unumstößlichkeit und naturgegebener Tatsache. Sie suggeriert: Hier liegt etwas außerhalb menschlicher Einflussmöglichkeiten - eine Art Schicksal auf molekularer Ebene. Mit einem einzigen Satz wird Verantwortung abgelehnt, die Diskussion beendet, Handlungsoptionen ausgeblendet.

Dabei ist die Rede vom „Genetischen" in vielen Fällen weder präzise noch abschließend. Zwar gibt es Krankheiten, die eine eindeutige genetische Ursache haben - aber auch hier ist die Genetik nur ein Teil der Erklärung. Bei den meisten Gesundheitsproblemen - von Diabetes bis Depression - sind komplexe Wechselwirkungen zwischen genetischer Disposition, Umweltfaktoren, Lebensstil, Stress, Ernährung und sozialem Umfeld am Werk. Gene sind Anlagen, kein Schicksal.

Die Killerphrase „Das ist eben genetisch bedingt" wirkt daher wie eine verbale Entmündigung. Sie beraubt die Betroffenen ihrer Handlungsmöglichkeiten und den Gesprächspartner der Möglichkeit des Weiterdenkens. Sie lenkt den Blick weg von den Ursachen, die veränderbar wären - etwa soziale Risikofaktoren, ungleiche Zugänge zum Gesundheitssystem oder psychosoziale Belastungen.

Eine produktive Antwort besteht darin, die Trennlinie zwischen genetischer Veranlagung und tatsächlichem Krankheitsausbruch differenziert zu thematisieren. Etwa so:

„Ja, es gibt genetische Veranlagungen - aber ob und wie sie sich auswirken, hängt meist stark vom Lebensumfeld und anderen Faktoren ab. Gerade deshalb ist es wichtig, genauer hinzuschauen, was beeinflussbar ist und was nicht."

So bleibt die Diskussion offen. Es entsteht ein Raum, in dem Verantwortung nicht abgeschoben, sondern geteilt und bearbeitet werden kann - zwischen individueller Lebensführung, gesellschaftlichen Rahmenbedingungen und medizinischer Begleitung. Die pauschale Berufung auf „das Genetische" wird aufgebrochen zugunsten einer differenzierten, solidarischen Perspektive auf Gesundheit.

Kapitel 1.2 Gesundheit
„Da kann man halt nichts machen."

Dieser Satz klingt auf den ersten Blick resigniert, fast mitleidig - tatsächlich aber schneidet er jede Diskussion über Alternativen ab. Er klingt wie das Ende einer Diagnose, ist aber in Wirklichkeit der Anfang einer Verweigerung: der Verweigerung, weiter zu denken, zu handeln oder auch nur zu fragen. Der Satz stellt einen Zustand als endgültig dar - und versieht ihn mit dem Siegel der Unveränderlichkeit.

Gerade im Gesundheitsbereich ist diese Haltung besonders problematisch. Denn auch wenn es viele Situationen gibt, in denen eine vollständige Heilung nicht möglich ist, heißt das nicht, dass nichts mehr getan werden kann. Zwischen

„alles ist heilbar" und „nichts ist möglich" liegt ein weites Feld medizinischen, therapeutischen und menschlichen Handelns: Linderung, Stabilisierung, Begleitung, Lebensqualität, Prävention, soziale Unterstützung.

Die Killerphrase „Da ist nichts zu machen" soll oft von vornherein jegliche Hoffnung im Keim ersticken – sei es aus Enttäuschung, Überforderung oder schlichtem Desinteresse. Sie wirkt jedoch wie ein kategorisches Denkverbot. In therapeutischen, pflegerischen oder psychosozialen Kontexten kann sie nicht nur entmutigen, sondern buchstäblich lebensverkürzend wirken, weil sie den Handlungswillen lähmt.

Eine mögliche Antwort besteht darin, die Totalität der Aussage freundlich, aber bestimmt zu relativieren. Zum Beispiel so:

„Vielleicht kann man nicht alles ändern, aber etwas geht fast immer. Es lohnt sich, genau hinzusehen, was noch möglich ist."

Diese Antwort öffnet den Diskurs wieder für Nuancen und Alternativen. Sie signalisiert Handlungsspielraum, ohne falsche Versprechen zu machen. Vor allem aber bewahrt sie eine Haltung der Anteilnahme und Verantwortung – dort, wo andere vorschnell kapitulieren. So wird die Gesprächssituation nicht beendet, sondern in eine gemeinsame Suchbewegung überführt.

1.3 Gesundheit
„Wer heilt, hat recht."
Auf den ersten Blick klingt dieser Satz pragmatisch, ja humanistisch: Hauptsache, es hilft - dann ist es gut. Doch genau hier liegt das Problem. Der Satz erklärt den

Behandlungserfolg zur alleinigen Legitimation einer Methode und entzieht ärztliches Handeln jeder kritischen Überprüfung. Ob eine Therapie wirksam, plausibel, ethisch vertretbar oder wissenschaftlich abgesichert ist, spielt dann keine Rolle mehr - entscheidend ist allein das Ergebnis. Die Frage nach Ursachen, Nebenwirkungen oder Placeboeffekten wird damit abgewürgt.

„Wer heilt, hat Recht" ist eine rhetorische Abschottung gegenüber wissenschaftlicher Reflexion. Sie relativiert die Bedeutung von Studien, klinischen Prüfverfahren und ärztlicher Verantwortung zugunsten eines unmittelbaren Heilerfolgs - oder dessen Behauptung. Besonders problematisch ist die Behauptung in Kontexten, in denen die Wirkung nicht objektiv messbar oder langfristig überprüfbar ist, etwa bei psychischen Erkrankungen oder chronischen Schmerzen. Hier öffnet sie unwirksamen oder gar gefährlichen Methoden Tür und Tor - solange nur jemand behauptet, es habe geholfen.

Statt die Behauptung frontal zu kontern, kann man sie in eine konstruktive Richtung umlenken. Zum Beispiel so:
„Es ist gut, wenn jemand Hilfe erfährt - aber wäre es nicht auch wichtig zu wissen, warum etwas hilft? Dann könnte man es gezielt weiterentwickeln oder anderen zugänglich machen."
Diese Formulierung erkennt das berechtigte Bedürfnis nach Wirksamkeit an, ohne auf kritisches Hinterfragen zu verzichten. Sie öffnet die Diskussion für wissenschaftliche Erklärung, Qualitätssicherung und differenzierte Bewertung - und macht deutlich: Gute Medizin braucht mehr als Wirksamkeit, sie braucht auch Begründbarkeit.

1.4 Gesundheit
„Das bildet man sich nur ein."

Diese Aussage ist abwertend und herablassend. Sie stellt ein Leiden nicht in Frage, sondern spricht ihm die Realität ab - mit einem einzigen Satz. Wer so spricht, zieht eine klare Grenze zwischen „echten" und „eingebildeten" Krankheiten, zwischen sichtbarem Leiden und subjektivem Empfinden. Die psychische oder psychosomatische Dimension von Beschwerden wird damit abgewertet oder lächerlich gemacht, obwohl gerade diese Krankheitsformen besonders viel Verständnis, Diagnostik und professionellen Umgang erfordern.

Der Ausdruck reproduziert ein tief verwurzeltes Missverständnis: dass nur das existiert, was objektiv gemessen oder sichtbar gemacht werden kann. Schmerzen ohne Befund, Erschöpfung ohne Laborwert, Angst ohne äußeren Anlass - all das wird unterstellt, nur „eingebildet", also irreal zu sein. Dabei zeigen moderne medizinische, neurologische und psychologische Erkenntnisse längst, dass die subjektive Wahrnehmung eine Realität eigener Art darstellt - mit realen Auswirkungen auf Körper, Verhalten und Lebensqualität.

Wer sagt: „Das bildest du dir nur ein", verhindert oft nicht nur ein Gespräch, sondern auch eine Behandlung. Denn eine nicht ernst genommene Erfahrung wird selten weiterverfolgt - weder von der betroffenen Person noch von ihrem sozialen Umfeld. Der Satz verstärkt die Stigmatisierung und führt in die Isolation.

Um hier den Dialog zu retten, hilft eine anerkennende und neugierige Haltung. Etwa so:

„Auch wenn man etwas nicht sofort messen kann, heißt das nicht, dass es nicht real ist. Wollen wir genauer hinschauen, was da wirklich erlebt wird?"

Diese Antwort vermeidet Konfrontation und bringt die Ebene des Erlebens wieder ins Spiel - ohne vorschnelle Diagnosen, aber auch ohne Abwertung. Er lädt dazu ein, über subjektives Leiden zu sprechen, ohne es zu diskreditieren, und schlägt so eine Brücke zwischen persönlicher Erfahrung und medizinischem oder gesellschaftlichem Verständnis.

1.5 Gesundheit
„Das ist doch nur Kopfsache."

Diese Aussage klingt banal, ist aber höchst problematisch. Sie reduziert psychische oder psychosomatische Erkrankungen auf eine vermeintlich willensabhängige Dimension - als könne man mit ein wenig innerer Stärke, Ablenkung oder „Zusammenreißen" die Beschwerden einfach überwinden. Damit wird das Leiden nicht nur verharmlost, sondern auch abgewertet: Es gilt als selbstgemacht, subjektiv übertrieben oder nicht „wirklich" krankhaft.

„Das ist nur Kopfsache", wird suggeriert: Was im Kopf passiert, zählt nicht wirklich - obwohl sich gerade dort die komplexesten, sensibelsten und zugleich medizinisch schwer fassbaren Prozesse abspielen. Die moderne Medizin weiß längst, dass Körper und Psyche untrennbar miteinander verbunden sind. Chronischer Stress kann Entzündungsprozesse auslösen, Depressionen können Herz-Kreislauf-Erkrankungen begünstigen, Angst kann Verdauung, Schlaf und Immunsystem nachhaltig beeinflussen.

Psychische Erkrankungen sind reale, oft schwerwiegende Krankheitsbilder - und nicht nur „Befindlichkeiten". Die Phrase wirkt besonders destruktiv, weil sie die Betroffenen zusätzlich belastet. Sie vermittelt: „Du bist selbst schuld, dass es dir schlecht geht" - und erschwert damit nicht nur den Zugang zu Hilfe, sondern auch das offene Gespräch darüber.

Um diese Abwertung zu durchbrechen, ohne gleich auf Konfrontationskurs zu gehen, kann eine Brücke zwischen Verständnis und Korrektur geschlagen werden. Zum Beispiel so:
„Ja, vieles spielt sich im Kopf ab - aber das macht es nicht weniger real. Gerade psychische Belastungen haben enorme Auswirkungen auf den ganzen Körper. Vielleicht sollten wir das ernster nehmen, nicht leichter."
Dieser Gesprächsöffner greift die Wendung auf, verschiebt aber ihre Bedeutung. Er schafft Anerkennung für psychisches Erleben, ohne den anderen gleich zu belehren - und öffnet den Raum für ein tieferes Verständnis dessen, was im Kopf eben nicht nur Einbildung, sondern Krankheit sein kann.

1.6 Gesundheit
„Die sind halt selbst schuld."
Diese Aussage klingt hart und moralisierend. Sie verschiebt komplexe medizinische, soziale und psychologische Zusammenhänge auf die Ebene individueller Schuld und Verantwortung. Übergewicht wird nicht als gesundheitliches Phänomen, sondern als persönliches Versagen dargestellt - als Ausdruck mangelnder Disziplin, Willensschwäche oder

eines falschen Lebensstils. Die gesellschaftliche Botschaft: Wer dick ist, ist selbst schuld - und verdient entsprechend weniger Empathie oder Unterstützung.

Die Killerphrase „Selbst schuld" verdeckt, dass Übergewicht ein vielschichtiges Phänomen ist. Genetik, Hormonstörungen, Kindheitserfahrungen, Ernährungskultur, sozioökonomische Situation, chronischer Stress, psychische Erkrankungen und Bewegungsmangel spielen - oft über Jahre hinweg - zusammen. Auch Medikamente, Traumafolgen oder strukturelle Ungleichheiten beim Zugang zu gesunder Ernährung und medizinischer Beratung spielen eine Rolle. Von „Selbstverschulden" zu sprechen, wird dieser Komplexität nicht gerecht und stigmatisiert die Betroffenen.

Schuldzuweisungen führen zudem selten zu Veränderungen - weder auf individueller noch auf gesellschaftlicher Ebene. Sie erzeugt Scham, Rückzug und Resignation. Wer glaubt, an allem selbst schuld zu sein, sucht seltener Hilfe und stößt im Gesundheitssystem häufiger auf Ablehnung.

Statt einer moralischen Verurteilung kann ein Gespräch eröffnet werden, indem Ursachenvielfalt und strukturelle Zusammenhänge angesprochen werden. Zum Beispiel so: „Es ist leicht, die Schuld auf das Individuum zu schieben - aber Übergewicht hängt meist mit vielen Faktoren zusammen. Vielleicht wäre es hilfreicher zu fragen, was Menschen brauchen, um gesund leben zu können".

Diese Formulierung verschiebt den Fokus von Schuld auf Verhältnisse. Sie schafft Raum für Verständnis, ohne die Verantwortung völlig aufzulösen - und öffnet den Weg für eine Diskussion über Prävention, Lebensstil, Gerechtigkeit und gesellschaftliche Unterstützung.

1.7 Gesundheit
„Ein bisschen Bewegung reicht doch."

Diese Aussage klingt pragmatisch und harmlos, geht aber in vielerlei Hinsicht an der Sache vorbei. Sie verharmlost komplexe gesundheitliche Zusammenhänge und suggeriert, dass körperliche Aktivität allein ein Allheilmittel sei - unabhängig von der Art der Erkrankung, den Lebensumständen, psychischen Faktoren oder medizinischen Befunden. Sie ersetzt eine differenzierte Betrachtung durch eine einfache Lösung und transportiert nebenbei eine implizite Schuldzuweisung: Wer krank ist, bewegt sich eben nicht genug.

Problematisch ist diese Killerphrase auch deshalb, weil sie einerseits etwas Richtiges sagt - Bewegung ist wichtig für die Gesundheit -, andererseits aber so tut, als sei das die ganze Geschichte. Sie ignoriert strukturelle Barrieren (Zeitmangel, finanzielle Einschränkungen, unsicheres Wohnumfeld), körperliche Einschränkungen (z.B. chronische Schmerzen, Behinderungen, Erschöpfungszustände) oder psychische Belastungen (Depressionen, Ängste, Antriebslosigkeit), die körperliche Aktivität erheblich erschweren können. Sie verlagert zudem die Verantwortung vom System (z.B. medizinische Versorgung, soziale Unterstützung, Arbeitsbedingungen) auf das Individuum - ohne genau hinzuschauen.

Statt sich über die Vereinfachung zu ärgern, kann man sachlich auf die Komplexität des Themas hinweisen. Etwa so:

„Bewegung kann sicher helfen - aber sie ist oft nur ein Teil des Ganzen. Es lohnt sich zu schauen, was jemanden überhaupt daran hindert, aktiv zu sein, und was es sonst noch braucht, damit Gesundheit möglich wird."

Dieser Gesprächseinstieg nimmt den richtigen Kern der Aussage ernst, kontextualisiert ihn aber weiter. Er lädt dazu ein, nicht über, sondern mit den Betroffenen zu sprechen - und Gesundheit nicht als Privataufgabe, sondern als gemeinsames Handlungsfeld zu begreifen.

1.8 Gesundheit
„Jeder ist für seine Gesundheit selbst verantwortlich."
Auf den ersten Blick wirkt diese Aussage wie ein Appell an die Eigenverantwortung - eine Tugend, der kaum jemand widersprechen möchte. Bei genauerem Hinsehen entpuppt sie sich jedoch häufig als rhetorische Abwehrformel. Sie wird vor allem dann bemüht, wenn von sozialer Ungleichheit, strukturellen Gesundheitsproblemen oder Präventionspolitik die Rede ist - und führt elegant vom Kollektiv zurück zum Individuum. Wer krank ist, hat demnach etwas falsch gemacht; wer gesund bleibt, hat scheinbar „richtig" gelebt. Gesundheit wird so zum persönlichen Verdienst - oder eben zum selbstverschuldeten Versagen.

Doch Gesundheit ist keine rein private Angelegenheit. Sie ist das Ergebnis vieler Faktoren, auf die der Einzelne nur bedingt Einfluss hat: Wohnumfeld, Einkommen, Bildung, Arbeitsbedingungen, Ernährungsmöglichkeiten, medizinische Versorgung, psychische Belastungen, familiäre

Prägungen und nicht zuletzt genetische Dispositionen. In diesem Geflecht von Einflussfaktoren ist Eigenverantwortung zwar ein Faktor - aber eben nur einer unter vielen.

Die Killerphrase „Jeder ist für seine Gesundheit selbst verantwortlich" suggeriert nicht nur eine unrealistische Kontrolle über den eigenen Körper, sie blendet auch soziale Gerechtigkeit aus. Wer krank ist, wird leicht stigmatisiert. Prävention wird privatisiert. Und politisches Handeln - etwa in der Gesundheitsförderung oder bei der Bekämpfung von Armutsfolgen - wird als überflüssig dargestellt.

Ein guter Einstieg in die Diskussion ist es, die Idee der Eigenverantwortung anzuerkennen, sie aber in einen größeren Zusammenhang zu stellen. Zum Beispiel so: „Natürlich spielt Eigenverantwortung eine Rolle - aber Gesundheit hängt auch stark von den Lebensumständen ab. Vielleicht sollten wir beides zusammen denken, statt nur auf das Individuum zu schauen."

Diese Antwort hält die Balance: Sie vermeidet moralische Konfrontation, relativiert aber die Pauschalität der Aussage. Er lädt dazu ein, Gesundheit nicht als rein private Leistung zu verstehen, sondern als eine gesellschaftlich geteilte Aufgabe - mit Verantwortung auf mehreren Ebenen.

1.9 Gesundheit
„Krank sein ist auch Einstellungssache."

Diese Aussage klingt modern, fast lebensbejahend – als würde sie die Kraft des Denkens, der Haltung und des positiven Denkens betonen. Tatsächlich aber verkehrt sie das Verhältnis von Krankheit und Psyche in eine gefährliche Schieflage. Sie suggeriert, dass man über den eigenen

Gesundheitszustand durch bloße Willensleistung oder „innere Einstellung" Kontrolle habe – und dass Leiden im Grunde selbst verschuldet sei, wenn man sich nur falsch „eingestellt" hat.

Die Wirkung dieser Phrase ist doppelt problematisch: Zum einen verharmlost sie den Ernst von Erkrankungen, insbesondere chronischer, psychischer oder schwer diagnostizierbarer Natur. Wer zum Beispiel an Depression leidet, erfährt durch solche Sätze nicht Verständnis, sondern unterschwellige Schuldzuweisung. Zum anderen verstärkt sie den Druck auf Betroffene: Wer krank ist und nicht „positiv genug denkt", trägt demnach doppelt Verantwortung – für seine Krankheit und für seine angeblich falsche Haltung dazu.

Die Aussage entspringt oft einem populären Mix aus Selbstoptimierungsrhetorik, Coaching-Slogans und Gesundheitsesoterik. Doch sie verhindert echte Auseinandersetzung mit strukturellen Belastungen, medizinischen Notwendigkeiten und zwischenmenschlicher Unterstützung. Krankheit ist nicht einfach Einstellung – sie ist ein reales, oft komplexes Zusammenspiel körperlicher, psychischer und sozialer Faktoren.

Um die Gesprächssituation zu öffnen, kann man an die positive Intention der Aussage anknüpfen, ohne ihre problematische Vereinfachung mitzumachen. Zum Beispiel so: „Die eigene Einstellung kann sicher helfen, mit der Krankheit umzugehen - aber sie ersetzt keine Diagnose, Therapie oder Unterstützung. Vielleicht sollten wir nicht zwischen Körper und Psyche trennen, sondern genauer hinschauen, was wirklich gebraucht wird".

Diese Antwort nimmt das Thema ernst, ohne das Leiden zu psychologisieren oder wegzuschieben. Sie öffnet Raum für eine differenzierte Sicht auf das Kranksein, die sowohl die inneren Ressourcen als auch die äußeren Umstände in den Blick nimmt - und das Gespräch weiterführt in Richtung Mitgefühl, Verantwortung und konkrete Hilfe.

1.10 Gesundheit
„Früher hat man sich nicht so angestellt."

Diese Aussage ist ein Klassiker der rhetorischen Abwertung: Sie stellt heutige Krankheitserfahrungen, Befindlichkeiten oder Diagnosepraktiken als Übertreibung dar - als Ausdruck von Larmoyanz, Zeitgeist oder mangelnder Belastbarkeit. Im Subtext schwingt oft ein nostalgischer Vergleich mit einer vermeintlich „gesünderen" oder „robusteren" Vergangenheit mit. Ignoriert wird dabei nicht nur, wie viele Beschwerden früher schlicht unerkannt oder unausgesprochen blieben, sondern auch, dass sich die Lebensrealitäten grundlegend verändert haben: erhöhte Arbeitsdichte, psychische Belastungen, Reizüberflutung, soziale Isolation, chronische Stressoren. Die Killerphrase „Früher war alles anders" romantisiert die Vergangenheit und disqualifiziert zugleich die Gegenwart. Sie ersetzt Auseinandersetzung durch Abwertung - und hält den Gesprächspartner auf Distanz, statt sich ernsthaft mit seinen Erfahrungen auseinanderzusetzen. Gerade im Zusammenhang mit psychischen Erkrankungen, Erschöpfungszuständen, Burnout oder Schmerzstörungen ist diese Phrase besonders destruktiv, weil sie zusätzlich beschämt und zum Schweigen bringt.

Ein möglicher Weg, die Gesprächssituation wieder offen und respektvoll zu gestalten, wäre ein Satz wie:

„Vielleicht hat man früher vieles einfach nicht benannt - aber heute wissen wir mehr über Gesundheit und Krankheit. Ist es nicht gut, dass wir heute genauer hinschauen und nicht einfach alles schlucken?"

Diese Formulierung erkennt das historische Argument an, ohne es zu idealisieren. Sie stellt nicht das Gestern gegen das Heute, sondern verbindet beides durch Erkenntnisfortschritt und Humanität. Damit wird die Debatte nicht beendet, sondern auf eine neue, erkenntnisoffene Ebene gehoben.

1.11 Gesundheit
„Irgendwann trifft es halt jeden."

Diese scheinbar gelassene Bemerkung scheint zunächst Ausdruck realistischer Lebenserfahrung zu sein. Tatsächlich handelt es sich aber um eine resignative Ausstiegsformel: Sie relativiert konkrete gesundheitliche Probleme und verschiebt sie in die diffuse Allgemeinheit menschlichen Leidens. Wer so spricht, schiebt individuelle Betroffenheit, strukturelle Ursachen oder notwendige Auseinandersetzungen beiseite - mit dem Verweis auf das Unvermeidliche. Krankheit erscheint als schicksalhafte Normalität, über die nicht weiter gesprochen werden muss. Problematisch an diesem Satz ist nicht, dass er gänzlich falsch wäre - tatsächlich ist Krankheit ein Bestandteil menschlichen Lebens. Aber gerade deshalb verdient sie Aufmerksamkeit, Differenzierung und Gestaltungsspielraum. Wer sagt: „Irgendwann trifft es jeden", sagt damit auch: „Mach dir keine Illusionen, du kannst sowieso nichts tun". Damit wird

Prävention delegitimiert, soziale Gesundheitsvorsorge verharmlost und den Betroffenen die Erfahrung von Kontrollverlust und Ohnmacht sprachlich gespiegelt - statt ihnen Handlungsmöglichkeiten oder Verständnis zu eröffnen.

Ein konstruktiver Gegenentwurf könnte lauten:
„Es stimmt, niemand bleibt ewig gesund - gerade deshalb ist es wichtig, wie wir mit Krankheit umgehen und was wir tun können, um sie möglichst zu vermeiden oder zu bewältigen."
Diese Replik nimmt den wahren Kern der Aussage - die Verletzlichkeit des Menschen - ernst, schiebt aber die Verantwortung nicht ab, sondern stellt sie wieder in den Mittelpunkt: individuell, gesellschaftlich und medizinisch. Sie lädt ein, über Fürsorge, Prävention und Solidarität zu diskutieren - statt in Resignation zu verharren.

2.1 Ökonomie
„So funktioniert der Markt nun mal."
Diese Aussage gehört zu den mächtigsten Killerphrasen im ökonomischen Diskurs. Sie klingt sachlich, fast naturwissenschaftlich - als spräche man von einem physikalischen Gesetz. Doch was hier als ökonomische Selbstverständlichkeit behauptet wird, ist in Wirklichkeit eine ideologisch aufgeladene Vereinfachung: Die vermeintliche „Logik des Marktes" wird als unhinterfragbare Realität dargestellt, als sei sie alternativlos. So dient der Satz dazu, Diskussionen über soziale Gerechtigkeit, Regulierung oder Umverteilung von vornherein abzuwehren.

„So ist der Markt" wirkt entwaffnend, weil er nicht durch Argumente überzeugt, sondern durch vermeintliche

Alternativlosigkeit. Wer diesen Satz benutzt, verschiebt die Diskussion von der Frage „Was wäre wünschenswert?" auf die Aussage „Was ist eben so?". Damit wird das Politische entpolitisiert - die Gestaltungsmöglichkeiten verschwinden hinter einem vermeintlichen Sachzwang. Märkte sind aber keine Naturereignisse, sondern historisch gewachsene, politisch regulierte und gesellschaftlich ausgehandelte Institutionen. Sie können unterschiedlich gestaltet werden - und werden es auch, weltweit und historisch.

Ein guter Einstieg, um das Gespräch zu eröffnen, wäre, die scheinbare Objektivität höflich zu hinterfragen, ohne frontal zu widersprechen. Zum Beispiel so:
„Stimmt, so funktioniert der Markt oft - aber das heißt nicht, dass er so funktionieren muss. Märkte werden gemacht: durch Regeln, Gesetze, Interessen. Vielleicht sollten wir eher fragen, für wen der Markt so funktioniert - und wer das ändern könnte."
Diese Formulierung löst den Fatalismus auf, ohne moralisierend zu wirken. Sie erinnert daran, dass Wirtschaftssysteme gestaltbar sind, und lädt dazu ein, über Macht, Interessen und Alternativen nachzudenken - also genau dort weiter zu reden, wo das Gespräch sonst verstummen soll.

2.2 Ökonomie
„Das ist einfach Angebot und Nachfrage."
Dieser Satz gehört zu den Standardformeln ökonomischer Rechtfertigung. Sie wird häufig verwendet, um Preisentwicklungen, Lohnungleichheit, Wohnungsnot oder unfaire Marktbedingungen zu erklären - und gleichzeitig zu legitimieren. Der Satz klingt technisch, neutral und alternativlos.

Er vermittelt: So ist es eben. Wer dagegen argumentiert, stellt sich angeblich gegen eine Grundregel der Ökonomie. Doch genau das macht die Formel zur Killerphrase: Sie beendet die Diskussion mit dem Schein ökonomischer Objektivität, ohne Raum für politische, ethische oder soziale Einwände zu lassen.

„Angebot und Nachfrage" ist ein wichtiges Prinzip - aber kein allumfassendes. Der Satz suggeriert, dass soziale Verhältnisse ausschließlich durch Marktmechanismen hergestellt werden und legitimiert damit auch deren Ungleichheiten. Doch was angeboten wird, wer etwas nachfragen kann, wie Preise zustande kommen und welche Bedürfnisse überhaupt marktfähig sind - all das ist nicht naturgegeben, sondern wird durch gesellschaftliche Machtverhältnisse, politische Entscheidungen und kulturelle Kontexte geprägt. Der Verweis auf „Angebot und Nachfrage" verschleiert diese Zusammenhänge und dient oft dazu, Akteure aus der Verantwortung zu entlassen.

Eine Diskussion kann wieder eröffnet werden, wenn man das ökonomische Prinzip nicht bestreitet, sondern seine gesellschaftliche Reichweite zur Diskussion stellt. Zum Beispiel so:

„Natürlich spielen Angebot und Nachfrage eine Rolle - aber ist es nicht auch wichtig zu schauen, wer überhaupt mitspielen kann? Schließlich setzen Märkte bestimmte Voraussetzungen voraus, die nicht für alle gleich sind."

Diese Antwort nimmt die ökonomische Logik ernst, ohne sich ihr zu unterwerfen. Sie bringt Verteilungsfragen, Machtasymmetrien und soziale Gerechtigkeit wieder ins

Gespräch - dort, wo die Killerphrase sie auszublenden versucht.

2.3 Ökonomie
„Wir leben nun mal im Kapitalismus."

Diese Phrase dient als diskursives Endsignal - als resignativer Verweis auf eine vermeintlich unumstößliche Realität. Sie wird häufig verwendet, wenn Kritik an Ungleichheit, Ausbeutung oder sozialen Missständen geübt wird. Seine Wirkung liegt nicht in einer offenen Argumentation, sondern in der impliziten Botschaft: Es ist, wie es ist - und daran lässt sich nichts ändern. Der Kapitalismus erscheint hier nicht als historisch gewachsene, veränderbare Wirtschaftsordnung, sondern als quasi-natürlicher Zustand, dem man sich zu fügen hat.

„Wir leben eben im Kapitalismus" ist daher eine typische Killerphrase: Sie verschiebt die Diskussion vom Gestaltungswillen zur Anpassungsforderung. Statt zu fragen, wie soziale Gerechtigkeit, ökologische Nachhaltigkeit oder ökonomische Teilhabe verbessert werden können, wird das bestehende System als gegeben hingenommen - und Kritik daran als naiv oder realitätsfern abgetan. Besonders perfide: Der Satz entzieht sich jeder politischen Verantwortung, indem er suggeriert, niemand sei wirklich verantwortlich - weil „das System" eben so sei.

Ein konstruktiver Einstieg in die Diskussion kann darin bestehen, die Aussage aufzugreifen - aber ihre Deutung zu verschieben. Zum Beispiel so:

„Ja, wir leben im Kapitalismus - aber gerade deshalb ist es spannend zu fragen, wie wir darin leben wollen. Schließlich ist der Kapitalismus kein Schicksal, sondern ein System, das wir gestalten und regulieren können".

Diese Antwort entzieht sich der Resignation, ohne belehrend zu wirken. Sie zeigt Handlungsspielräume auf und lädt dazu ein, die kapitalistische Realität nicht als Endpunkt, sondern als Ausgangspunkt politischer Auseinandersetzung zu begreifen. So wird aus dem Stillstand des Diskurses eine Einladung zum Denken und Gestalten.

2.4 Ökonomie
„Das können wir uns nicht leisten."

Diese Phrase ist eines der mächtigsten rhetorischen Stoppschilder im politischen und wirtschaftlichen Diskurs. Sie klingt vernünftig, verantwortungsbewusst und sparsam - und genau darin liegt ihre Kraft, komplexe Debatten zu beenden, bevor sie überhaupt begonnen haben. Sie lenkt den Blick weg vom Ziel einer Maßnahme (z.B. Bildungsausbau, soziale Gerechtigkeit, Klimaschutz) hin zu ihrer vermeintlichen Unerreichbarkeit - und macht damit jedes Anliegen nachrangig gegenüber einem oft vagen Begriff der „Bezahlbarkeit".

„Wir können es uns nicht leisten" ist selten eine neutrale Feststellung, sondern meist eine politische Aussage in technokratischem Gewand. Sie ignoriert systematisch die Frage, wofür Ressourcen zur Verfügung stehen und wer über ihre Verwendung entscheidet. Denn gesellschaftliche Ressourcen sind nie einfach „da" oder „nicht da" - sie werden politisch verteilt, priorisiert und organisiert. Der Satz suggeriert dagegen, es gäbe keine Wahl, sondern nur knappe Mittel und unausweichliche Kürzungen. Er ersetzt die

Frage „Was wäre sinnvoll und gerecht?" durch „Was passt ins Budget?". - ohne das Budget selbst in Frage zu stellen.

Ein möglicher Ansatzpunkt, diese Phrase produktiv zu hinterfragen, ist:
„Was können wir uns leisten, nicht zu tun? Wenn wir bestimmte Dinge nicht tun, entstehen auch Kosten - nur später oder auf andere Weise".
Dieser Einwand kehrt die Logik des Satzes um. Sie öffnet den Blick für langfristige Folgekosten, soziale Schäden und verpasste Chancen, die entstehen, wenn Investitionen unterbleiben. Er lädt damit zu einer echten Kosten-Nutzen-Diskussion ein - nicht nur im finanziellen, sondern auch im gesellschaftlichen Sinne.

2.5 Ökonomie
„Wer nicht arbeitet, soll auch nicht essen."
Diese Aussage ist eine der härtesten und folgenreichsten Killerphrasen im wirtschafts- und sozialpolitischen Diskurs. Sie wirkt klar, kompromisslos und moralisch aufgeladen - wie ein vermeintliches Naturgesetz sozialer Gerechtigkeit: Wer nichts leistet, hat auch keinen Anspruch auf Teilhabe. Tatsächlich aber reproduziert sie ein extrem verkürztes und ausgrenzendes Verständnis von Arbeit, das nicht nur ökonomische Zusammenhänge verzerrt, sondern auch soziale Spaltungen vertieft.
Sie blendet systematisch aus, dass nicht alle Arbeit bezahlt oder anerkannt wird - etwa Care-Arbeit, ehrenamtliches Engagement, Erziehungsarbeit, Selbstsorge oder kreative Tätigkeiten. Sie ignoriert strukturelle Arbeitslosigkeit, krankheitsbedingte Arbeitsunfähigkeit, prekäre

31

Beschäftigung, Diskriminierung auf dem Arbeitsmarkt oder ungleiche Bildungschancen. Stattdessen unterstellt sie, dass jeder, der „nichts hat", auch „nichts leistet" - und verweigert damit Unterstützung, Solidarität und Respekt. Ursprünglich als religiös-moralischer Leitsatz verwendet, dient die Phrase heute vor allem der sozialen Abwertung: von Erwerbslosen, Armen, Migrant*innen oder Menschen, die sich aus unterschiedlichen Gründen dem Leistungsdiktat entziehen (müssen). Sie verschiebt die Verantwortung für soziale Notlagen vom System auf das Individuum - und legitimiert soziale Härte als scheinbare Gerechtigkeit.

Ein sachlich öffnender Gegenentwurf könnte lauten: „Arbeit ist wichtig, klar - aber nicht jeder, der gerade nicht arbeitet, ist faul. Vielleicht sollten wir uns eher fragen, wie wir Bedingungen schaffen können, unter denen alle einen sinnvollen Beitrag leisten können - und niemand ausgeschlossen wird."

Diese Antwort verlagert den Schwerpunkt von der Bestrafung auf die Ermöglichung. Sie erkennt den Wert von Arbeit an, ohne Teilhabe davon abhängig zu machen - und öffnet die Diskussion für eine gerechtere und solidarischere Perspektive auf Leistung, Unterstützung und sozialen Zusammenhalt.

2.6 Ökonomie
„Sozial ist, was Arbeit schafft."

Die Phrase hat den Klang politischer Vernunft - und wirkt fast unanfechtbar. Sie verspricht eine einfache Formel für die Sozialpolitik: Was Arbeit bringt, ist gut für alle. Doch gerade diese scheinbare Selbstverständlichkeit macht den Satz zur Killerphrase. Sie verengt soziale Gerechtigkeit auf ein einziges Kriterium - die Erwerbsarbeit - und blendet dabei andere Dimensionen des sozialen Zusammenhalts, der Fürsorge oder der Gerechtigkeit völlig aus.

„Sozial ist, was Arbeit schafft" reduziert den sozialen Wert einer Maßnahme auf ihre Wirkung auf dem Arbeitsmarkt - egal unter welchen Bedingungen diese Arbeit entsteht. Ob sie schlecht bezahlt, gesundheitsschädlich, sinnentleert oder umweltbelastend ist, bleibt ebenso unberücksichtigt wie die Frage, ob sie überhaupt gesellschaftlich notwendig ist. Gleichzeitig wird suggeriert: Wer keine Arbeit schafft, ist unsolidarisch - auch wenn er sich für Bildung, Pflege, Klima oder Gemeinwohl einsetzt.

Diese Killerphrase ist politisch wirksam, weil sie scheinbar pragmatisch ist. Tatsächlich aber dient sie oft dazu, kritische Fragen an eine wachstumsfixierte Wirtschaftspolitik oder den Abbau sozialer Leistungen abzuwehren. Denn was keine Arbeitsplätze schafft - etwa Armutsbekämpfung ohne Gegenleistung oder ökologischer Umbau mit Arbeitsplatzrisiken - gilt in dieser Logik nicht mehr als „sozial".

Ein geeigneter Einstieg in die Diskussion könnte sein: „Arbeitsplätze sind wichtig - aber nicht jeder Arbeitsplatz macht unsere Gesellschaft sozialer. Vielleicht sollten wir vielmehr fragen: Was macht Arbeit lebenswert, gerecht und zukunftsfähig?"

Diese Antwort nimmt das Anliegen ernst, setzt aber einen differenzierteren Maßstab: nicht die bloße Quantität der Beschäftigung, sondern ihre Qualität, ihre Sinnhaftigkeit und ihre Wirkung auf das Gemeinwohl. So wird aus einer verkürzten Formel eine Einladung zu einer echten gesellschaftspolitischen Diskussion.

2.7 Ökonomie
„Der Kunde ist König."

Was freundlich, serviceorientiert und nach offener Markt-
gesellschaft klingt, entpuppt sich bei näherem Hinsehen als
ideologisch aufgeladene Floskel, die ökonomische Machtverhältnisse verschleiert. Sie stellt den Konsumenten als
souveräne, entscheidende Instanz dar und behauptet: Wer
zahlt, bestimmt. Doch genau hier liegt das Problem. Denn
aus dieser Perspektive zählt nur, wer kaufen kann - nicht,
wer produziert, pflegt, betreut, erzieht oder schlicht keine
Kaufkraft hat.

„Der Kunde ist König" erhebt Marktverhalten zur zentralen Form gesellschaftlicher Teilhabe. Wer kein „Kunde" ist
- weil er oder sie kein Geld hat, nicht nachfragt oder gar
kritisiert statt konsumiert - verschwindet aus dem Bild. Damit wird eine ökonomische Rolle (Kunde) über andere soziale Rollen (z.B. Bürger, Patient, Arbeitnehmer, Schüler)
gestellt. Der Satz dient oft auch als Totschlagargument gegen regulierende Eingriffe, soziale Verantwortung oder
ethische Standards: Was der Kunde will, darf verkauft werden - alles andere ist Marktverzerrung.

Zudem verschiebt die Formel die Verantwortung für problematische Produkte, unfaire Produktionsbedingungen
oder Klimabelastungen auf das Konsumverhalten des Einzelnen - und entlastet Unternehmen und Politik. So ersetzt
moralisches Einkaufen strukturelle Veränderungen.

Ein guter Impuls für den Einstieg in die Diskussion könnte
sein:

„Kundinnen sind wichtig - klar. Aber eine Gesellschaft ist
mehr als ein Markt. Vielleicht sollten wir uns auch fragen,

wie Menschen behandelt werden, die nicht kaufen, sondern einfach leben, arbeiten oder Hilfe brauchen"*.

Diese Antwort erkennt den Wert der Kundenorientierung an, bricht aber die ökonomische Engführung auf. Sie öffnet den Raum für eine Diskussion über soziale Teilhabe, Verantwortung und die Grenzen der Marktlogik - gerade in Bereichen wie Bildung, Gesundheit oder Umwelt.

2.8 Ökonomie
„Am Ende zählt der Gewinn."

Diese Aussage scheint die Logik unternehmerischen Denkens auf den Punkt zu bringen - nüchtern, effizient, realistisch. Doch genau darin liegt ihr rhetorischer Zweck: Sie reduziert ökonomisches Handeln auf einen einzigen Maßstab und erklärt alle anderen Kriterien - soziale Gerechtigkeit, ökologische Verantwortung, ethisches Verhalten, kultureller Wert - für nebensächlich. Was sich nicht rechnet, zählt nicht. Was sich nicht rechnet, gilt als irrational, naiv oder verzichtbar.

„Am Ende zählt nur der Profit" ist eine typische Killerphrase, weil sie ökonomische Alternativen als weltfremd abtut. Sie vermeidet die Frage, für wen der Gewinn eigentlich zählt, auf wessen Kosten er entsteht und was überhaupt als Gewinn verstanden wird. Sie verhindert Debatten über nachhaltiges Wirtschaften, Gemeinwohlorientierung oder soziale Verantwortung - und ersetzt sie durch ein scheinbar objektives Erfolgsprinzip. Sie ignoriert, dass kurzfristiger Gewinn oft mit langfristigem Schaden einhergeht: soziale Spaltung, Umweltzerstörung, Vertrauensverlust.

Das gilt nicht nur für die Vorstandsetagen, sondern auch für das Alltagsdenken: bei der Bewertung öffentlicher Projekte, in der Bildungspolitik, im Umgang mit Pflege, Kunst oder Klima. Überall dort, wo Gewinn zum alleinigen Kriterium wird, verliert der gesellschaftliche Zusammenhang an Wert.

„Gewinn ist wichtig - keine Frage. Kein Unternehmen kann auf Dauer bestehen, wenn es keine ökonomische Basis hat. Aber kommt es nicht auch darauf an, wie dieser Gewinn erwirtschaftet wird? Vielleicht sollten wir öfter fragen: Wer profitiert davon - und wer zahlt dafür? Welche sozialen oder ökologischen Kosten entstehen, die nicht in der Bilanz auftauchen? Und was bleibt am Ende wirklich übrig - nicht nur finanziell, sondern auch an Vertrauen, Lebensqualität oder Zukunftsfähigkeit?"

Diese Antwort erkennt die ökonomische Realität an, widerspricht aber dem Absolutheitsanspruch der Killerphrase. Sie verschiebt die Perspektive vom reinen Zahlenwert zu einer qualitativen Bewertung wirtschaftlicher Prozesse. Denn Gewinn kann kurzfristig sein oder langfristig, gerecht verteilt oder extrem konzentriert, nachhaltig erwirtschaftet oder durch Ausbeutung erzielt.

Sie eröffnet zudem die Möglichkeit, über alternative Erfolgsmodelle nachzudenken: Unternehmen, die soziale Wirkung messen („Social Impact"), Gemeinwohlbilanzen erstellen, genossenschaftlich organisiert sind oder sich auf „langsame Gewinne" (z. B. durch ökologische Nachhaltigkeit oder Mitarbeiterbindung) verlassen. Auch im öffentlichen Sektor oder im Kulturbereich gilt: Nicht alles, was sich lohnt, lässt sich in Gewinn umrechnen – und nicht alles, was Gewinn bringt, lohnt sich für die Gesellschaft.

Schließlich verweist die Antwort auf die oft verdeckten Nebenkosten wirtschaftlichen Handelns: Umweltzerstörung, Burnout-Kulturen, globale Ungleichheiten, politischer Einfluss großer Konzerne. All das erscheint in klassischen Bilanzen nicht – und doch ist es real. Wenn man Gewinn als einziges Kriterium gelten lässt, geraten diese Aspekte aus dem Blick.

Darum geht es in der Antwort nicht darum, Gewinn zu verteufeln, sondern ihn zu relativieren, zu kontextualisieren und in Beziehung zu anderen Werten zu setzen. Damit wird das Gespräch geöffnet – hin zu einer ökonomischen Ethik, die fragt: Was soll unser wirtschaftliches Handeln leisten – für wen, wie lange, und mit welchen Folgen?

2.9 Ökonomie

„Geld regiert die Welt – da kann man nichts machen."
Dieser Satz gehört zu den besonders lähmenden Floskeln im alltäglichen Wirtschaftsdiskurs. Sie verbindet eine populäre Einsicht mit einem resignativen Unterton: Ja, Geld dominiert viele Entscheidungen - aber so ist es eben, daran lässt sich nichts ändern. Der Satz klingt abgeklärt, realistisch, vielleicht sogar zynisch. Und genau das macht ihn rhetorisch wirksam: Er beendet jede Diskussion über Veränderbarkeit, Verantwortung oder Alternativen, bevor sie überhaupt begonnen hat.

Der Satz „Geld regiert die Welt" ist an sich nicht falsch - aber der zweite Teil des Satzes, „daran kann man nichts ändern", entzieht sich jeder politischen, sozialen oder moralischen Diskussion. Er verabsolutiert bestehende Machtverhältnisse und erklärt sie zur Naturordnung. Damit wird nicht nur das Wirtschaftssystem als alternativlos dargestellt, sondern auch demokratische Gestaltungsmacht kleingeredet. Wer so redet, macht sich selbst sprach- und handlungsunfähig - und entmutigt zugleich alle, die etwas verbessern wollen.

Hinzu kommt: Der Satz suggeriert, Geld sei ein autonomes Subjekt. Geld ist aber kein Subjekt - es sind Menschen, Unternehmen, Interessen und Institutionen, die damit handeln, Macht ausüben und Strukturen gestalten. Wer das ausblendet, verschiebt die Verantwortung von konkreten Akteuren auf eine abstrakte Größe - und verhindert genau jene Transparenz und Kritik, die demokratische Gesellschaften dringend brauchen.

Ein Gespräch kann eröffnet werden, indem man die Realität der Aussage anerkennt, aber ihre Wirkung umkehrt. Zum Beispiel so:

„Stimmt, Geld hat großen Einfluss - aber gerade deshalb ist es wichtig zu fragen, wer damit Macht ausübt, wie das geschieht und ob wir das einfach hinnehmen wollen. Veränderung beginnt oft mit genauem Hinsehen - nicht mit Aufgeben".

Diese Antwort verschiebt den Ton von Ohnmacht zu Verantwortung. Sie lädt dazu ein, über Machtverhältnisse zu sprechen, statt sie zu naturalisieren - und öffnet den Raum für Fragen nach Regulierung, Gerechtigkeit, Transparenz und demokratischer Kontrolle. Denn auch wenn Geld vieles bestimmt: Es gibt Regeln, Rahmenbedingungen und Menschen, die entscheiden - und die sind veränderbar.

2.10 Ökonomie
„Arbeit muss sich lohnen."

Diese Aussage ist allgegenwärtig - in Talkshows, Wahlprogrammen und Stammtischdebatten. Sie klingt vernünftig, pragmatisch und gerecht: Wer arbeitet, soll mehr haben als derjenige, der nicht arbeitet. Doch gerade in dieser scheinbaren Selbstverständlichkeit liegt ihre Wirkung als Killerphrase. Denn sie dient weniger der Anerkennung von Leistung als der Abgrenzung - zwischen „Leistungsträgern" und „Nichtleistungsträgern", zwischen „Leistungsträgern" und „Kostenverursachern". Und sie verschiebt soziale Fragen auf ein rein finanzielles Raster.

„Arbeit muss sich lohnen" wird oft als Argument gegen Sozialleistungen, Mindestlöhne oder solidarische Umverteilung verwendet. Die Implikation: Wenn sich Erwerbsarbeit nicht spürbar mehr lohnt als Transferleistungen, dann ist das ungerecht - selbst wenn letztere nur das Existenzminimum sichern. So entsteht eine Logik, in der nicht Armut bekämpft, sondern Armut „sichtbar" gehalten werden muss, um zur Arbeit zu motivieren. Sozialstaatliche Solidarität wird so zu einem vermeintlichen Anreizproblem umgedeutet.

Gleichzeitig bleibt offen, welche Arbeit sich lohnen soll - und für wen. Gemeint ist meist Erwerbsarbeit im klassischen Sinne, während unbezahlte Sorgearbeit, ehrenamtliches Engagement oder prekäre Tätigkeiten im Niedriglohnsektor außen vor bleiben. Die Killerphrase suggeriert, dass allein die Lohnhöhe Ausdruck von Wert sei - und verschleiert damit die realen Machtverhältnisse auf dem Arbeitsmarkt.

Eine produktive Antwort auf diesen Satz könnte lauten „Natürlich soll Arbeit anerkannt und gerecht entlohnt werden. Aber vielleicht sollten wir genauer fragen: Welche Arbeit ist der Gesellschaft etwas wert - und warum werden gerade die wichtigsten Tätigkeiten oft am schlechtesten bezahlt?

Diese Antwort öffnet die Diskussion für Fragen nach Wertschätzung, Umverteilung und struktureller Gerechtigkeit. Sie verschiebt die Debatte von der individuellen Leistungsmoral zur kollektiven Verantwortung für faire Arbeitsbedingungen - und macht sichtbar, dass „Lohn" mehr ist als Geld: Es geht um Respekt, Teilhabe und soziale Sicherheit.

2.11 Ökonomie
„Ohne Wachstum geht es nicht".

Diese Aussage gehört zu den Grundpfeilern eines weit verbreiteten ökonomischen Denkstils. Sie klingt wie eine nüchterne Erkenntnis, fast wie ein Naturgesetz, ist aber in Wirklichkeit eine mächtige rhetorische Sperre gegen Alternativen. Sie suggeriert, dass Wirtschaftswachstum unverzichtbar ist: für Wohlstand, Arbeitsplätze, sozialen Frieden, Innovation. Wer diese Prämisse in Frage stellt, gilt schnell als realitätsfern, fortschrittsfeindlich oder gar gefährlich.

„Ohne Wachstum geht es nicht" ist deshalb eine klassische Killerphrase, weil sie Komplexität durch Alternativlosigkeit ersetzt. Sie verhindert das Nachdenken über andere Modelle des Wirtschaftens - etwa Gemeinwohlorientierung, Kreislaufwirtschaft oder Postwachstumsökonomien. Der Satz blendet aus, dass nachhaltiges Wachstum auf einem endlichen Planeten weder ökologisch noch sozial unbegrenzt möglich ist. Er verschiebt die Debatte von der Frage „Was brauchen wir wirklich?" hin zur Annahme „Was nicht wächst, stirbt".

Zudem bleibt meist unklar, welches Wachstum eigentlich gemeint ist: Wachstum des Bruttoinlandsprodukts, des Konsums, der Produktivität? Und für wen wächst was - gleichmäßig oder ungleich verteilt? Der Begriff verhindert, dass diese Fragen überhaupt gestellt werden. Sie normalisiert eine Logik, in der quantitatives Wachstum per se positiv ist, unabhängig von seinen Nebenfolgen - wie Ressourcenverbrauch, sozialer Spaltung oder psychischer Überlastung.

Ein guter Einstieg in die Auseinandersetzung mit diesen Thesen wäre: „Wachstum kann wichtig sein - in manchen Bereichen brauchen wir es sogar. Aber vielleicht sollten wir auch fragen: Was muss wachsen und wo brauchen wir vielleicht weniger und nicht mehr? Nicht alles, was wächst, ist gut".

Diese Antwort erkennt an, dass Wachstum eine Rolle spielt, stellt aber seine pauschale Überbewertung in Frage. Sie öffnet den Raum für qualitative, selektive und zukunftsfähige Wachstumsbegriffe - und ermöglicht es, über Suffizienz, Verteilung, Nachhaltigkeit und das gute Leben zu sprechen, ohne gleich als „wachstumskritisch" abgetan zu werden.

3.1 Technik
„Der Fortschritt lässt sich nicht aufhalten."
Dieser Satz ist einer der mächtigsten Sätze moderner Gesellschaften. Er klingt nach Entschlossenheit, nach Zukunft, nach einem realistischen Blick auf die Welt. Tatsächlich aber ist er eine rhetorische Abriegelung gegen jede

kritische Auseinandersetzung mit dem technologischen Wandel. Wer so spricht, erklärt gesellschaftliche Gestaltung zur Illusion - und stellt Entwicklung als Schicksal dar. Dann wird nicht mehr gefragt: Wollen wir das? Brauchen wir das? Wem nützt es? - sondern nur noch: Wann kommt es und wie stellen wir uns darauf ein?

„Der Fortschritt ist nicht aufzuhalten" dient oft dazu, ethische, soziale oder ökologische Bedenken abzutun - etwa bei Automatisierung, Gentechnik, Überwachung, künstlicher Intelligenz oder der Digitalisierung der Bildung. Fortschritt wird hier nicht mehr als gestaltbarer Prozess verstanden, sondern als naturwüchsige Bewegung, der man sich beugen muss. Damit wird die technologische Entwicklung ihrer politischen, ökonomischen und sozialen Bedingungen beraubt - als wäre sie ein selbstfahrender Zug, den niemand mehr lenkt.

Die Gefahr liegt in einer doppelten Entpolitisierung: Zum einen wird Kritik an konkreten Technologien als „rückwärtsgewandt" diskreditiert, zum anderen wird die Verantwortung für die Folgen technischer Systeme - etwa für Datenschutz, Arbeitsplatzverlust oder soziale Spaltung - von den Entwicklern auf die Gesellschaft abgewälzt. Fortschritt wird so zum Rechtfertigungsinstrument - und nicht zur Debatte.

Man kann eine Diskussion eröffnen, indem man den Begriff „Fortschritt" differenziert - und ihn wieder als Gestaltungsfrage formuliert. Zum Beispiel so:

„Technischer Fortschritt kann viel Gutes bringen - aber nur, wenn wir uns entscheiden, in welche Richtung wir gehen wollen. Fortschritt ist keine Naturgewalt, sondern hängt davon ab, was wir unter 'besser' verstehen."

Diese Antwort durchbricht die technikdeterministische Logik der Killerphrase, ohne technikfeindlich zu sein. Sie lädt ein, über Werte, Ziele und Grenzen nachzudenken - und erinnert daran, dass Fortschritt nicht nur Geschwindigkeit, sondern auch Richtung braucht.

3.2 Technik
„Das ist halt der Preis der Digitalisierung."

Dieser Satz klingt abgeklärt. Sie klingt nach Realismus, nach dem Eingeständnis, dass Fortschritt Opfer fordert. Tatsächlich aber ist es eine rhetorische Abwehrhaltung - eine Rechtfertigungsformel, die Diskussionen über die negativen Folgen der Digitalisierung beendet. Ob ständige Erreichbarkeit, Arbeitsplatzabbau, algorithmische Diskriminierung, Datenschutzprobleme, Vereinsamung, digitale Spaltung oder Abhängigkeit von Tech-Konzernen: Mit einem einzigen Satz werden diese Aspekte entpolitisiert und normalisiert. Der „Preis" erscheint als unvermeidliche Begleiterscheinung, nicht als Ergebnis von Entscheidungen.

Dabei ist die Digitalisierung kein Naturereignis, kein Sturm, den man über sich ergehen lassen muss. Sie ist ein von Menschen gemachter, wirtschaftlich gesteuerter und politisch gestaltbarer Prozess. Wer sagt, „das ist eben der Preis", verschweigt, dass genau dieser Preis je nach gesellschaftlicher Prioritätensetzung und Regulierung höher oder niedriger ausfallen kann - und dass einige diesen Preis deutlich höher zahlen als andere. Gering Qualifizierte, Menschen ohne Zugang zu digitaler Infrastruktur oder Menschen, deren Daten ohne ihr Wissen oder ihren Einfluss verarbeitet werden, spüren die „Kosten" der Digitalisierung oft unmittelbar, ohne an den Gewinnen beteiligt zu sein.

Der Satz verschiebt Verantwortung: weg von den Gestaltern und Profiteuren digitaler Technologien - hin zu einem abstrakten, alternativlosen „System", das angeblich nicht anders kann. Sie schließt Kritik aus und stellt Gestaltungsmöglichkeiten in Frage. So entsteht der Eindruck: Wer die Digitalisierung mitgestalten will, ist realitätsfern. Dabei wäre genau das nötig: zu unterscheiden zwischen sinnvoller technischer Entwicklung und digitaler Überfremdung, zwischen Effizienzgewinn und Entmenschlichung, zwischen Vernetzung und Abhängigkeit.

Eine effektive Reaktion auf diese Killerphrase erkennt den Kern der Aussage an - dass die Digitalisierung reale Auswirkungen hat -, widerspricht aber ihrer Passivität. Zum Beispiel so:

„Es stimmt, dass technische Veränderungen immer Herausforderungen mit sich bringen. Aber ob wir sie einfach hinnehmen oder gestalten, ist eine Frage der Haltung. Nicht jeder negative Effekt muss sein - viel hängt davon ab, wie wir die Digitalisierung politisch, gesellschaftlich und ethisch einhegen. Vielleicht sollten wir den Preis nicht nur benennen, sondern auch fragen: "Wer bezahlt ihn - und wer bestimmt, was er kostet?"

Diese Antwort öffnet die Diskussion für eine kritische und gestaltende Perspektive. Sie bringt Machtverhältnisse ins Spiel, thematisiert Ungleichheiten und betont die Möglichkeit der Einflussnahme. Statt den Preis als gegeben hinzunehmen, wird gefragt, ob und wie er verändert werden kann - durch Regulierung, Partizipation, soziale Innovation oder ethische Leitlinien. So wird aus einer resignativen Floskel ein produktiver Einstieg in eine politische Debatte über die digitale Zukunft.

3.3 Technik
„Das macht der Computer automatisch."

Diese Aussage begegnet uns oft in alltäglichen Zusammenhängen - in Verwaltungsprozessen, in der Kundenkommunikation, bei algorithmischen Entscheidungen oder in technischen Systemen. Sie klingt harmlos, fast wie ein Hinweis auf Effizienz oder Neutralität. Tatsächlich aber dient er oft als rhetorischer Schutzschild: Wer so spricht, macht sich unangreifbar. Denn was automatisch geschieht, so die implizite Botschaft, kann weder hinterfragt noch beeinflusst werden - es ist eben „der Computer".

Und genau hier liegt das Problem. „Der Computer macht das automatisch" ist eine typische Killerphrase, denn sie verschiebt die Verantwortung: weg vom Menschen, der ein System entworfen oder implementiert hat, hin zu einer technischen Blackbox. Entscheidungen, Prozesse oder Ergebnisse erscheinen nicht mehr als Ergebnis menschlicher Gestaltung, sondern als Folge objektiver, neutraler Technik. Die zugrundeliegenden Regeln, Modelle und Daten werden dabei selten transparent gemacht - und auch nicht zur Diskussion gestellt.

Die Phrase vermeidet Fragen wie: Wer hat das programmiert? Nach welchen Kriterien arbeitet das System? Welche Daten fließen ein - und wer ist davon betroffen? Was bedeutet eigentlich „automatisch" in diesem konkreten Fall? Stattdessen wird suggeriert, der Mensch habe hier nichts mehr zu sagen - als sei die Technik per se unfehlbar, objektiv und autonom.

Aber keine Maschine entscheidet aus sich selbst heraus. Jeder Algorithmus basiert auf menschlichen Annahmen, Präferenzen und Interessen - auch wenn diese unsichtbar geworden sind. „Automatisch" heißt nicht: ohne Einfluss, sondern: mit vorgegebenem Einfluss, aber nicht mehr sichtbar. Diese Unsichtbarkeit wird durch den Ausdruck sprachlich zementiert.

Eine konstruktive Reaktion könnte darin bestehen, das vermeintlich Automatische behutsam zu entmystifizieren und in die menschliche Verantwortung zurückzuholen. Zum Beispiel so:

„Okay, der Computer macht das automatisch - aber irgendjemand hat entschieden, wie das System funktioniert. Vielleicht sollten wir gemeinsam schauen, ob das auch für alle fair, nachvollziehbar und sinnvoll ist."

Diese Antwort lässt Raum für technische Kompetenz, ohne sich ihr zu unterwerfen. Sie stellt klar: Automatisierung ist kein Argument, sondern eine Aufforderung zur Prüfung - technisch, ethisch und gesellschaftlich. Sie macht deutlich, dass Technik nicht jenseits der Diskussion steht, sondern Teil von ihr sein muss. So wird aus einer Ausrede ein Ausgangspunkt für kritische Fragen - und aus „automatisch" wieder: verantwortbar.

3.4 Technik
„Wer nichts zu verbergen hat, hat auch nichts zu befürchten."

Dieser Satz ist einer der gefährlichsten und zugleich beliebtesten Killerphrasen im Zusammenhang mit Überwachung, Datenschutz und digitalen Grundrechten. Sie klingt einfach, überzeugend und moralisch: Nur wer etwas Böses tut, muss sich Sorgen machen. Wer dagegen „anständig" lebt, den kann Kontrolle nichts anhaben. Doch diese scheinbare Logik ist trügerisch - und rhetorisch hoch wirksam, weil sie

Kritik an Überwachung in ein moralisches Problem der Kritiker*innen verwandelt: Wer sich über Datenmissbrauch oder Kontrolle beschwert, scheint automatisch etwas zu verbergen zu haben.

Der Satz „Wer nichts zu verbergen hat ...“ dient also nicht der Argumentation, sondern der Delegitimation: Er verwandelt jede Diskussion über Datenschutz in eine Verteidigungssituation. Die Sorge um die Privatsphäre wird als Verdachtsmoment umgedeutet, als Zeichen von Schuld. Damit verlagert sich die Debatte vom strukturellen Missbrauchspotenzial der Überwachungssysteme auf den Charakter des Einzelnen - und erzeugt Schweigen, wo Wachsamkeit angebracht wäre.

Zudem unterschlägt die Phrase, dass Datenschutz nichts mit Geheimniskrämerei zu tun hat, sondern mit Selbstbestimmung. Es geht nicht darum, ob jemand kriminell ist, sondern darum, wer über welche Informationen verfügen darf - über Konsumverhalten, Gesundheitsdaten, Bewegungsmuster, politische Ansichten. Auch „gute Bürger*innen“ haben das Recht, unbeobachtet zu bleiben - nicht weil sie etwas verbergen, sondern weil Transparenz immer Machtverhältnisse erzeugt, und zwar meist einseitige.

Eine starke, aber nicht konfrontative Antwort auf diese Killerphrase könnte lauten:

„Privatsphäre bedeutet nicht, dass man etwas zu verbergen hat - sondern dass man entscheiden kann, was man zeigt und wem man vertraut. Ein freies Leben bedeutet auch, nicht ständig kontrolliert zu werden, nur weil man nichts Falsches getan hat“.

Diese Antwort rückt das Prinzip der Selbstbestimmung wieder in den Mittelpunkt. Sie entmoralisiert den Wunsch nach Datenschutz und betont den politischen Kern der Debatte: Vertrauen braucht Schutzräume, nicht permanente Sichtbarkeit. Wer diese Freiheit verteidigt, tut dies nicht im Namen des Geheimnisses, sondern im Namen der Würde.

3.5 Technik
„Ob wir wollen oder nicht – das kommt jetzt."

Dieser Satz begegnet uns häufig im Zusammenhang mit neuen Technologien, politischen Digitalstrategien oder wirtschaftlichen Umbrüchen - etwa bei der Einführung von künstlicher Intelligenz, Automatisierung, Überwachungstechnologien oder der Plattformökonomie. Sie klingt nach nüchternem Realismus, Weitsicht oder Zukunftskompetenz. Tatsächlich aber ist es eine rhetorische Abschottung: Was kommt, steht fest - unsere Meinung dazu zählt nicht. „Ob wir wollen oder nicht - das kommt jetzt" ist eine klassische Killerphrase, weil sie kritische Fragen nach Gestaltung, ethischen Maßstäben oder sozialen Folgen der Technikentwicklung im Keim erstickt. Sie verschiebt die Diskussion vom „Was ist sinnvoll, gerecht, zukunftsfähig?" zum bloßen „Wie passen wir uns am schnellsten an?". Technik erscheint als fremde Macht - wie ein Naturereignis, das sich der gesellschaftlichen Kontrolle entzieht.

Besonders problematisch ist, dass diese Phrase meist nicht von Technikerinnen verwendet wird, sondern von Entscheidungsträgerinnen in Wirtschaft und Politik - also genau den Akteuren, die tatsächlich Einfluss auf das „Ob" und „Wie" hätten. Die Phrase dient dann als Rechtfertigung dafür, Entscheidungen nicht mehr zu diskutieren, sondern nur noch durchzusetzen. Wer sich - etwa aus Gründen des Datenschutzes, der Gerechtigkeit oder der

Nachhaltigkeit - gegen problematische Technologien ausspricht, gilt in dieser Logik als Fortschrittsverweigerer.

Eine wirksame Reaktion auf diese Phrase besteht darin, den
vermeintlichen Sachzwang höflich in Frage zu stellen - und
die Verantwortung dorthin zurückzugeben, wo sie hingehört. Zum Beispiel so:
„Es mag kommen - aber wir können immer noch entscheiden, wie wir damit umgehen, unter welchen Bedingungen
und für wen. Die Technik mag entwickelt werden, aber wie
wir sie einsetzen, ist immer noch unsere gemeinsame Aufgabe".
Diese Antwort erkennt an, dass technische Innovation
stattfindet, stellt aber klar, dass ihre gesellschaftliche Um-
setzung kein Automatismus ist. Sie betont den Unterschied
zwischen technischer Möglichkeit und politischer Entscheidung - und öffnet den Raum für eine Diskussion über
Werte, Teilhabe und Verantwortung. Denn Fortschritt ist
nicht das, was passiert - sondern das, was wir gemeinsam
gestalten.

3.6 Technik
„Wenn wir's nicht machen, macht's halt ein anderer."
Auf den ersten Blick klingt diese Formel pragmatisch, wirt-
schaftsnah und global realistisch. Sie wird häufig im Zusammenhang mit Technologien verwendet, deren gesellschaftliche Folgen umstritten sind - etwa in der
Gentechnik, der Überwachungstechnologie, der Rüstungs-
forschung oder der Entwicklung künstlicher Intelligenz.
Der Satz suggeriert: Es bringt nichts, sich zurückzuhalten
oder moralisch zu sein - denn andere Akteure werden die

Lücke sofort nutzen. Gemeint sind meist andere Länder, Unternehmen oder Forschungseinrichtungen. Die Verantwortung für problematische Entwicklungen wird so externalisiert.

Was diesen Satz so wirkungsvoll macht, ist seine Mischung aus ökonomischem Wettbewerbsdenken und moralischer Entlastung. Wer so spricht, zieht sich aus der Verantwortung zurück, indem er sie scheinbar global „weiterreicht". Sie verhindert die Auseinandersetzung mit der Frage, ob und wie Technik anders, verantwortlicher oder transparenter entwickelt werden könnte - denn das Grundargument lautet: Besser wir tun es als jemand anderes ohne unsere ethischen Standards.

Aber genau das ist eine gefährliche Illusion. Denn wer mit dieser Logik rechtfertigt, was er eigentlich für problematisch hält, trägt dazu bei, dass solche Technologielogiken überhaupt erst entstehen - nur unter dem Deckmantel einer vermeintlich kontrollierten Entwicklung. So wird aus einer vorauseilenden Rechtfertigung ein Beitrag zur Normalisierung dessen, was man zu vermeiden vorgibt.

Ein guter Einstieg in die Diskussion kann darin bestehen, den Wettbewerbsdruck anzuerkennen, ohne sich ihm völlig zu unterwerfen. Zum Beispiel so:

„Das mag zum Teil stimmen - aber ist das ein Argument, Dinge zu tun, die wir eigentlich kritisch sehen? Sollte ethische Verantwortung nicht gerade dort beginnen, wo wir entscheiden können, wie Technik entsteht - und wofür wir sie einsetzen wollen?"

Diese Antwort öffnet den Raum für eine Diskussion über Prioritäten, Verantwortung und Handlungsfreiheit im globalen Kontext. Sie macht deutlich, dass

Technologieführerschaft nicht nur eine Frage der Geschwindigkeit, sondern auch der Haltung ist - und dass „Wir zuerst" kein Ersatz für eine ethische Argumentation ist.

3.7 Technik
„Dieser Zug ist da längst abgefahren."
Dieser Satz klingt wie ein sachlicher Kommentar zum Stand der Dinge, ist aber in Wirklichkeit eine rhetorische Absage an jede Form von Intervention, Kritik oder Neubewertung. Sie suggeriert: Die Entwicklung ist abgeschlossen, die Entscheidung längst gefallen, der Handlungsspielraum gleich Null. Wer jetzt noch etwas in Frage stellt, hat den Anschluss verpasst - und darf allenfalls zuschauen.

Vor allem im technischen Kontext wird diese Formel benutzt, um Bedenken oder Veränderungsvorschläge als zu spät abzuwerten. Sei es bei der Einführung von Überwachungstechnologien, bei datengetriebenen Plattformen, bei der Automatisierung oder der Verdrängung analoger Prozesse: Wer sagt, der Zug sei abgefahren, erklärt jede Diskussion über Alternativen für überflüssig. Damit wird nicht nur Gestaltung verhindert, sondern auch der Eindruck erweckt, dass niemand mehr Verantwortung trägt - weil es ohnehin keinen Einfluss mehr gibt.

Züge fahren aber nicht von selbst, sie können umgelenkt, gebremst oder gestoppt werden. Gesellschaftlicher Wandel ist kein Schicksal, sondern ein Prozess, der von Entscheidungen, Interessen, Verhandlungen und politischem Willen geprägt ist. Auch technologische Systeme können nachträglich reguliert, demokratisch gestaltet oder - wenn nötig - in

Frage gestellt werden. Die Killerphrase entzieht sich genau dieser Aufgabe.

Eine angemessene Antwort könnte lauten:

„Mag sein, dass manches schon läuft - aber das heißt nicht, dass wir keine Verantwortung mehr haben. Gerade wenn Entwicklungen schon weit fortgeschritten sind, ist es umso wichtiger zu fragen, wie wir sie klug, gerecht und menschlich gestalten."

Diese Antwort erkennt die Dynamik der Entwicklungen an, widerspricht aber dem Mythos der Unveränderbarkeit. Sie bringt den Handlungsspielraum wieder ins Gespräch und fordert dazu auf, Verantwortung nicht abzugeben, sondern ernst zu nehmen - auch wenn der Zug schon rollt.

3.8 Technik
„Das ist der Preis der Innovation".

Dieser Satz fällt oft, wenn es um die sozialen, ökologischen oder ethischen Nebenfolgen technischer Innovationen geht. Sie klingt wie eine realistische Bilanz: Fortschritt hat seinen Preis - das war schon immer so. Doch genau darin liegt ihre Funktion als Killerphrase. Denn sie verschweigt nicht nur reale Probleme, sondern drängt auch jede Form der Kritik in die Rolle des Fortschrittsverhinderers. Wer nach Risiken fragt, stellt sich scheinbar gegen die Innovation selbst.

„Das ist eben der Preis der Innovation" dient oft dazu, Opfer und Nebenwirkungen zu relativieren - etwa Arbeitsplatzverluste durch Automatisierung, Überwachung durch Smart Devices, Energieverbrauch von Rechenzentren oder digitale Spaltung. Die Aussage verschiebt die Perspektive: Es geht nicht mehr darum, ob diese Folgen gerechtfertigt sind, sondern nur noch darum, ob wir bereit sind, dafür zu bezahlen. Damit wird Verantwortung in Zustimmung oder Ablehnung übersetzt, nicht in Mitgestaltung.

Der Satz trägt zu einer Idealisierung von Innovation bei. Sie suggeriert, dass technischer Wandel per se gut, notwendig und letztlich unverzichtbar ist - auch wenn die konkreten Folgen fragwürdig sind. Innovation wird so von einem Mittel zu einem Wert an sich. Fortschritt ist aber kein Selbstzweck. Die Frage ist nicht, ob er seinen Preis hat, sondern wer ihn bezahlt - und ob er gerecht, nachhaltig und demokratisch legitimiert ist.

Ein möglicher Einstieg in die Diskussion könnte sein: „Fortschritt bringt immer Veränderung - aber nicht jeder Preis ist gerecht oder notwendig. Vielleicht sollten wir genauer hinschauen, ob Innovation wirklich dem Gemeinwohl dient - oder ob wir kritischer entscheiden müssen, was wir unter Innovation verstehen".

Diese Antwort nimmt die Ambivalenz des Fortschritts ernst, ohne in Technikskepsis zu verfallen. Sie öffnet den Raum für eine gesellschaftliche Debatte darüber, welche Innovationen wirklich wünschenswert sind - und wie sie so gestaltet werden können, dass ihr Preis nicht blind bezahlt, sondern bewusst ausgehandelt wird.

3.9 Technik

„Das entscheidet die KI inzwischen besser als ein Mensch."

Diese Aussage klingt nach Effizienz, Präzision und Fortschritt - und ist in vielen Zusammenhängen beeindruckend: Künstliche Intelligenz kann komplexe Datenmuster erkennen, schneller rechnen, in Millisekunden analysieren. Doch als rhetorische Figur dient sie oft nicht der Aufklärung, sondern der Entmündigung. Sie suggeriert: Die Maschine ist nicht nur schneller, sondern auch objektiver, klüger und gerechter als der Mensch - warum also noch widersprechen? Damit wird jede Diskussion über technische Machtverhältnisse, Verantwortung und Fehleranfälligkeit von Algorithmen im Keim erstickt. Wenn „die KI" besser entscheidet, wird menschliche Urteilskraft als obsolet dargestellt. Für ethisches Abwägen, Erfahrung, Intuition oder Kontextwissen bleibt kein Raum mehr. Besonders problematisch wird die Aussage in sensiblen Bereichen wie Justiz, Medizin, Personalentscheidungen oder Bildung - überall dort, wo Entscheidungen nicht nur richtig, sondern auch gerecht, nachvollziehbar und menschlich sein sollen.

Hinzu kommt: Der Satz blendet aus, dass keine KI „entscheidet" - jedenfalls nicht im eigentlichen Sinne. Maschinen führen Rechenprozesse aus, die von Menschen programmiert, trainiert und bewertet wurden. Was dabei als „besser" gilt, hängt vom gewählten Maßstab ab - und dieser Maßstab ist nie neutral. Steht zum Beispiel „Treffsicherheit" über Fairness? Oder Effizienz vor Nachvollziehbarkeit? Die Killerphrase verschleiert diese Setzungen und erzeugt den Eindruck technischer Objektivität, wo in Wirklichkeit Werturteile eingebaut sind.

Ein guter Impuls zur Eröffnung der Diskussion könnte lauten:

„KI kann vieles gut - vor allem mit großen Datenmengen. Aber ob sie wirklich besser entscheidet, hängt davon ab, was wir unter einer guten Entscheidung verstehen. Manchmal braucht es eben mehr als ein statistisches Muster - nämlich Erfahrung, Verantwortung und Menschlichkeit."

Diese Antwort erkennt die Leistungsfähigkeit technischer Systeme an, fordert aber einen genaueren Blick auf das, was „Entscheidung" im menschlichen Sinne bedeutet. Sie öffnet den Raum für die Frage, wo wir KI einsetzen wollen, unter welchen Bedingungen - und mit welchen Grenzen. Denn Fortschritt bedeutet nicht, dass der Mensch ersetzt wird, sondern dass er bewusst entscheidet, welche Rolle die Technik spielen soll.

4.1 Demokratie
„Die Politik macht sowieso, was sie will".
Dieser Satz ist ein Klassiker des politischen Pessimismus. Sie klingt nach enttäuschter Lebenserfahrung, nach Abgeklärtheit oder stillem Protest - tatsächlich aber ist sie eine rhetorische Absage. Mit ihm wird jede Form politischer Partizipation, jede Diskussion über Reformen oder Gestaltungsmöglichkeiten als sinnlos abgewertet. Der Satz entzieht nicht nur der Politik das Vertrauen, sondern auch dem eigenen Handeln die Wirksamkeit. Wer so spricht, stellt sich selbst an den Rand der Demokratie - und legitimiert zugleich den eigenen Rückzug.

„Die Politik macht sowieso, was sie will" funktioniert als Killerphrase, weil sie pauschal urteilt und zugleich Verantwortung ablehnt. Alle politischen Akteure erscheinen als homogen, machtbesessen und abgehoben von den Interessen der Bürger. Unterschiede zwischen Parteien, demokratischen Verfahren oder zivilgesellschaftlichem Engagement werden unsichtbar gemacht. An die Stelle von Analyse tritt Frustration - und an die Stelle von Kritik Rückzug.

Besonders gefährlich ist, dass sich in dieser Haltung ein Gefühl der Ohnmacht verfestigt, das zum Nährboden für

Populismus, Gleichgültigkeit oder Verschwörungsdenken werden kann. Denn wer von der grundsätzlichen Sinnlosigkeit politischer Prozesse überzeugt ist, neigt dazu, sich entweder ganz zu entziehen oder extremen Vereinfachungen zu folgen. Damit wird der demokratische Austausch nicht nur entwertet, sondern aktiv geschwächt.

Ein möglicher Einstieg in eine offene Diskussion wäre: „Ja, Politik ist manchmal weit weg - aber es gibt viele Beispiele, wo Druck, Protest oder Beteiligung tatsächlich etwas bewegt haben. Vielleicht ist das Problem gar nicht, dass die Politik macht, was sie will - sondern dass wir oft zu wenig von ihr verlangen".

Diese Antwort nimmt das Gefühl der Enttäuschung ernst, wendet sich aber gegen pauschale Verurteilungen. Sie bringt Handlungsmöglichkeiten zurück ins Gespräch und erinnert daran, dass Demokratie nicht automatisch funktioniert - sondern davon lebt, dass Menschen mitmachen, widersprechen, fordern. Wer Politik kritisiert, steht nicht außerhalb - sondern genau dort, wo Demokratie beginnt.

4.2 Demokratie
„Das ist der Wille der Mehrheit".

Diese Aussage klingt nach demokratischer Legitimation - nach einem klaren Ergebnis, das es zu akzeptieren gilt. Doch gerade deshalb ist sie eine rhetorisch wirkungsvolle Killerphrase: Sie nutzt das Prinzip der Mehrheitsentscheidung nicht als Ausgangspunkt politischer Aushandlung, sondern als Schlussstrich unter jede weitere Debatte. Wer sich auf den „Willen der Mehrheit" beruft, erklärt abweichende Meinungen für erledigt, Bedenken für lästig und Minderheiten für überflüssig.

Die Stärke und zugleich die Grenze der Demokratie liegt aber gerade darin, dass Mehrheiten wechseln können - und dass sie auf Widerspruch angewiesen sind. Mehrheiten sind kein Argument für Wahrheit oder Gerechtigkeit, sondern ein Verfahren der Entscheidungsfindung. Wenn „Mehrheit" zur sakrosankten Größe wird, erstarrt der demokratische Prozess. Was bleibt, ist eine formale Legitimation, die die inhaltliche Auseinandersetzung ersetzt.

Zudem bleibt oft unklar, was genau mit „Mehrheit" gemeint ist: Die Mehrheit der Wahlberechtigten? Die Mehrheit der Abstimmenden? Diejenigen, die von einer Maßnahme profitieren? Oder einfach die vorherrschende Meinung in einem bestimmten Diskursraum? Der Begriff wird selten hinterfragt, sondern als unhinterfragbare Instanz präsentiert - obwohl gerade in einer pluralistischen Gesellschaft Mehrheiten immer nur Momentaufnahmen sind.

Ein guter Einstieg in die Diskussion kann sein, den Mehrheitswillen anzuerkennen, ohne ihn absolut zu setzen:

„Ja, demokratische Entscheidungen brauchen Mehrheiten - aber eine Demokratie lebt auch davon, dass Minderheiten gehört werden. Vielleicht sollten wir uns fragen, wie man mit dem Mehrheitswillen verantwortungsvoll umgeht - und was ihn überhaupt ausmacht".

Diese Antwort nimmt die demokratische Idee ernst, bringt aber Differenz und Dynamik wieder ins Gespräch. Sie macht deutlich, dass Mehrheiten kein Selbstzweck sind, sondern Teil eines Prozesses - und dass gerade ihre Kritikfähigkeit die Demokratie lebendig hält.

4.3 Demokratie
„Wahlen ändern nichts mehr."

Diese Aussage ist Ausdruck einer tiefen Politikverdrossenheit - oft gespeist aus wiederkehrenden Enttäuschungen, gefühlter Ohnmacht oder Misstrauen gegenüber politischen Institutionen. Doch gerade weil sie so nachvollziehbar erscheint, ist sie als Killerphrase so wirksam: Sie beendet das Gespräch über demokratische Beteiligung, delegitimiert Engagement und erklärt politische Prozesse pauschal für wirkungslos. Wer so spricht, zieht sich nicht nur aus der Verantwortung zurück, sondern stellt das demokratische System selbst in Frage - nicht argumentativ, sondern resignativ.

Die Formel „Wahlen ändern auch nichts mehr" verschiebt die Diskussion von der Kritik an konkreten Zuständen oder Entscheidungen hin zur generellen Infragestellung demokratischer Verfahren. Unterschiede zwischen Parteien, politischen Richtungen oder Reformvorschlägen werden unsichtbar gemacht. Auch langfristige Veränderungsprozesse, zivilgesellschaftlicher Druck und außerparlamentarische Wirkungsketten spielen in dieser Logik keine Rolle. Demokratie erscheint nur noch als Oberfläche - dahinter: ein sich selbst genügender Apparat.

Dabei zeigt gerade die Geschichte, dass Wahlen sehr wohl etwas verändern können - nicht immer sofort, nicht immer zufriedenstellend, aber durchaus spürbar: in der Sozialgesetzgebung, in der Umweltpolitik, in der Bildung, im Mitbestimmungsrecht oder im Schutz von Minderheiten. Demokratie funktioniert nicht automatisch - aber sie bleibt offen für Einflussnahme. Der Satz entzieht sich dieser

Offenheit, indem er alle Erfahrungen der Wirksamkeit ignoriert.

Ein möglicher Gesprächseinstieg, der die Frustration aufnimmt und zugleich erweitert, wäre:

„Ich verstehe die Enttäuschung - viele Veränderungen brauchen Zeit. Aber gerade deshalb lohnt es sich, nicht nur auf Wahlen zu schauen, sondern auch auf das, was dazwischen passiert. Politischer Druck entsteht oft nicht durch ein Kreuz auf dem Wahlzettel - sondern durch hartnäckige Stimmen, die nicht aufgeben".

Diese Antwort erkennt das Gefühl der Ohnmacht an, ohne es zu bestätigen. Sie macht sichtbar, dass Wahlen Teil eines größeren demokratischen Zusammenhangs sind - und dass Veränderung nicht immer spektakulär, aber oft wirkungsvoll beginnt: mit Beteiligung, Kritik, Ausdauer. Wer wählt, ändert nicht alles - aber ohne Wähler ändert sich nichts.

4.4 Demokratie
„Demokratie ist doch nur Show."

Diese Behauptung entzieht der demokratischen Ordnung den Boden. Sie spricht politischen Verfahren, Parteien, Parlamenten oder Abstimmungen jede Substanz ab - alles wird zur bloßen Inszenierung erklärt, zur Kulisse ohne Wirkung. Wer so spricht, unterstellt, dass die Macht woanders liegt: in Hinterzimmern, Konzernzentralen, Lobbygruppen oder informellen Netzwerken. Demokratie erscheint dann nicht mehr als Form kollektiver Gestaltung, sondern als Ablenkung, als Beruhigungspille für eine ohnmächtige Bevölkerung.

Genau darin liegt die Wirkung des Satzes: Er behauptet nicht, dass Demokratie schlecht funktioniert - sondern dass sie gar nicht existiert. Damit wird jeder Versuch, sich politisch zu engagieren, von vornherein sinnlos. Kritik wird überflüssig, weil sie ja nur Teil des Spiels wäre. Und wer sich dennoch einmischt, gilt in dieser Logik als naiv, manipuliert oder als Teil des Systems. Die Folge ist nicht Wut, sondern Zynismus - eine Haltung, die nichts mehr verändern will, sondern nur noch zuschaut oder sich verächtlich abwendet.

Demokratie ist aber nie perfekt, nie vollendet, nie rein. Sie lebt gerade davon, dass sie Kritik aushält, Fehler korrigierbar macht und Räume für Beteiligung schafft - auch gegen Widerstände. Sie ist keine Show, sondern ein Ringen um Sichtbarkeit, Einfluss und Regeln - und dieses Ringen ist offen, konfliktreich, manchmal frustrierend, aber nicht sinnlos. Wer Demokratie für eine bloße Inszenierung hält, verwechselt ihre Bühne mit ihrer Substanz.

Ein möglicher Diskussionsansatz, der nicht belehrend wirkt, könnte lauten:

„Manchmal sieht es wirklich so aus, als sei vieles nur Fassade - aber gerade deshalb lohnt es sich zu schauen, was dahinter wirklich passiert. Demokratie ist nicht perfekt, aber sie ist das einzige System, in dem Veränderungen öffentlich ausgehandelt werden - und in dem wir mitreden können, statt nur zuzuschauen".

Diese Antwort lässt Raum für Kritik, rückt aber die Gestaltungsmöglichkeit wieder ins Zentrum. Sie bricht mit dem totalen Zweifel, ohne zu beschönigen - und lädt dazu ein, Demokratie nicht als fertige Bühne zu verstehen, sondern als offenes Spielfeld, auf dem jede Stimme zählt.

4.5 Demokratie
„Man kann sich als Einzelner nicht wehren."

Diese Aussage bringt ein Gefühl auf den Punkt, das viele Menschen in komplexen Gesellschaften teilen: Ohnmacht. Sie klingt ehrlich, fast beschützend - und entfaltet gerade deshalb ihre blockierende Kraft. Denn wer glaubt, als Einzelner ohnmächtig zu sein, gibt Einflussnahme auf, bevor er sie überhaupt versucht hat. Das klingt nach Realismus, ist aber in Wirklichkeit ein Rückzug aus der Idee politischer Teilhabe. Sie macht aus Betroffenen Zuschauer, aus Bürgern Kunden, aus Kritik bloße Resignation.

Die Wirkung dieser Killerphrase liegt darin, dass sie persönliche Erfahrung mit struktureller Wahrheit gleichsetzt. Aus dem Gefühl, überhört oder überfordert zu sein, wird die Behauptung, dass Beteiligung grundsätzlich sinnlos sei. Damit wird verhindert, was Demokratie eigentlich ausmacht: die Möglichkeit, gemeinsam mit anderen Einfluss zu nehmen – nicht als Einzelkämpfer, sondern als Teil eines Prozesses, der Widerspruch, Beharrlichkeit und Allianzen kennt.

Die Geschichte und der Alltag zeigen: Der Einzelne kann viel bewegen - durch Petitionen, Klagen, öffentliche Kritik, kreative Protestformen oder zivilgesellschaftliche Initiativen. Nicht immer sofort, nicht immer sichtbar - aber oft mit nachhaltiger Wirkung. Gerade demokratische Systeme sind darauf angewiesen, dass sich Menschen zu Wort melden, auch wenn sie keine Mehrheit hinter sich haben.

Ein möglicher Gesprächseinstieg, der das Gefühl ernst nimmt und gleichzeitig Handlungsspielräume eröffnet, könnte lauten::

„Manchmal fühlt es sich wirklich so an. Aber oft beginnt Veränderung gerade mit Einzelnen, die sich nicht alles gefallen lassen. Vielleicht geht es gar nicht darum, alles alleine zu schaffen - sondern darum, den ersten Schritt zu tun, dem andere folgen können."

Diese Antwort richtet sich nicht gegen Ohnmachtsgefühle, sondern gegen deren Verabsolutierung. Sie macht Mut, sich trotz Bedenken einzumischen - und erinnert daran, dass demokratische Prozesse nicht automatisch ablaufen, sondern davon leben, dass Menschen anfangen, sich zu wehren. Und oft reicht ein Einzelner, um etwas zu bewegen.

4.6 Demokratie
„Wer dagegen ist, ist undemokratisch."

Diese Aussage verkehrt das demokratische Prinzip in sein Gegenteil. Sie behauptet, dass Widerspruch - also gerade das, was eine Demokratie ausmacht - ein Zeichen von Undemokratie sei. Wer sich nicht anpasst, wer kritisiert, hinterfragt oder abweicht, wird mit einem einzigen Satz aus dem legitimen Diskurs ausgeschlossen. Damit wirkt der Satz nicht nur autoritär, sondern auch selbststimmunisierend: Er setzt eine Entscheidung, Meinung oder Maßnahme absolut und erklärt jede Gegenstimme zur Bedrohung des Systems.

Besonders brisant ist diese Formulierung, weil sie sich auf die Demokratie beruft, um sie rhetorisch zu entleeren. Sie benutzt den Begriff nicht zur Verteidigung des offenen Diskurses, sondern zur Festschreibung einer Position. So wird Demokratie mit Einigkeit verwechselt - und Dissens als Feind statt als Teil verstanden. Gerade in hitzigen Debatten oder in Konflikten um Werte, Identität oder

Sicherheit wird der Begriff zur Waffe: Wer „dagegen" ist, stellt sich vermeintlich gegen das Ganze.

Dabei leben Demokratien vom Streit. Vom Rechthabenwollen, vom Irrtum, vom Gegenargument. Undemokratisch ist nicht der Widerspruch, sondern die Weigerung, ihn zu hören. Wenn jede Kritik sofort als Angriff auf das System gewertet wird, erstickt das die Pluralität, die Demokratie ausmacht.

Ein möglicher Einstieg in ein klärendes Gespräch wäre: „Gerade wer dagegen ist, kann sehr wohl demokratisch handeln - denn zur Demokratie gehört auch, dass man Dinge in Frage stellen darf. Die Frage ist vielmehr, wie Kritik geäußert wird - und ob sie Teil eines offenen Austauschs bleibt."

Diese Antwort nimmt die Sorge um die Demokratie ernst, verschiebt aber den Fokus von Gehorsam auf Partizipation. Sie macht deutlich, dass demokratische Reife nicht im Mitlaufen, sondern im Aushalten von Widerspruch besteht - und dass Kritik nicht das Ende der Demokratie, sondern ihr Prüfstein ist.

4.6 Demokratie
„So funktioniert eben Demokratie."

Dieser Satz klingt, als würde er einen komplexen politischen Sachverhalt erklären - in Wirklichkeit dient er oft dazu, Kritik abzuwehren und Einwände zu delegitimieren. Wer so spricht, signalisiert: Die Sache ist erledigt, die Regeln wurden eingehalten, Einmischung ist jetzt unangebracht. Demokratie wird so nicht als offener Prozess verstanden, sondern als ein Set fester Abläufe, die am Ende ein Ergebnis produzieren, das man gefälligst zu akzeptieren hat.

„So funktioniert Demokratie" wird oft benutzt, um berechtigte Fragen nach Transparenz, Fairness, Partizipation oder Repräsentation abzuwehren. Besonders problematisch ist dies, wenn formale Verfahren zwar eingehalten wurden, inhaltlich aber ein erheblicher Teil der Bevölkerung das Gefühl hat, übergangen oder nicht gehört worden zu sein. An die Stelle einer Diskussion über demokratische Qualität tritt dann die Berufung auf formale Gültigkeit. Was zählt, ist nicht mehr der Diskurs, sondern das Verfahren.

Demokratie ist aber mehr als die Einhaltung von Abstimmungen, Wahlfristen oder Mehrheitsverhältnissen. Sie lebt vom Diskurs, von Partizipation, von Pluralität - und von der Möglichkeit, Prozesse immer wieder zu hinterfragen und zu verbessern. Wer Demokratie auf ihr Funktionieren reduziert, läuft Gefahr, ihren Sinn aus den Augen zu verlieren.

Ein guter Diskussionsimpuls könnte lauten:

„Demokratie hat zwar Regeln - aber sie ist mehr als die Einhaltung von Verfahren. Vielleicht sollten wir uns auch fragen, ob sich alle gehört gefühlt haben, ob offen diskutiert wurde und ob Beteiligung wirklich möglich war".

Diese Antwort anerkennt den Wert demokratischer Verfahren, stellt ihnen aber die Frage nach der demokratischen Kultur an die Seite. Sie macht deutlich, dass Demokratie nicht nur ein System, sondern auch eine Haltung ist - und dass ihre Qualität nicht nur an Verfahren, sondern auch an Offenheit, Partizipation und gegenseitiger Anerkennung gemessen wird.

4.7 Demokratie

„Die da oben machen doch eh, was sie wollen."

Dieser Satz ist ein typischer Ausdruck von Politikverdrossenheit. Sie zieht mit wenigen Worten eine klare Trennlinie: hier „wir", dort „die da oben". Der demokratische Grundgedanke, dass die Regierenden durch die Regierten legitimiert sind, wird in ihr stillschweigend aufgehoben. An seine Stelle tritt ein Bild von Macht als Selbstbedienung: Politikerinnen und Politiker erscheinen nicht mehr als gewählte Repräsentanten, sondern als abgeschottete Kaste, die ihre eigenen Interessen verfolgt - fernab vom Alltag der „einfachen Leute".

Gerade weil diese Aussage aus der Frustration geboren ist, entfaltet sie eine große rhetorische Wirkung. Sie entlastet, weil sie Verantwortung nach oben delegiert. Sie verhindert Diskussion, weil sie keine Unterschiede mehr zulässt: Alle sind gleich - machtbesessen, unehrlich, unverbesserlich. Damit wird nicht nur Kritik pauschalisiert, sondern auch jeder Versuch der Einmischung für zwecklos erklärt. Der Satz entzieht der Demokratie ihre Grundlage - nämlich die Idee, dass Macht durch Partizipation kontrolliert werden kann.

Doch Demokratien leben von Unterscheidungen: zwischen Parteien, Positionen, Argumenten. Sie leben auch davon, dass man Verantwortung nicht nur zuweist, sondern übernimmt. „Die da oben" ist eine Formel, die zugleich Unzufriedenheit ausdrückt und sich selbst aus der Lösung herausnimmt. Damit wird aus politischer Kritik politische Resignation.

Ein möglicher Einstieg ins Gespräch könnte so lauten:

„Ja, oft wirkt Politik wirklich abgehoben. Aber vielleicht liegt das auch daran, dass viele das Gefühl haben, nicht gehört zu werden. Die Frage ist doch: Wie kommen wir wieder ins Gespräch – statt nur noch über ‚die da oben' zu reden?"

Diese Antwort nimmt das Misstrauen ernst, stellt aber den Bruch zwischen Regierenden und Gesellschaft infrage. Sie lädt dazu ein, genauer hinzusehen, Unterschiede wahrzunehmen und Beteiligung wieder als Möglichkeit zu denken. Denn Demokratie beginnt nicht oben – sondern dort, wo Menschen aufhören, sich selbst auszuschließen.

4.8 Demokratie
„Das war alles demokratisch legitimiert."

Diese Aussage klingt auf den ersten Blick korrekt und rechtsstaatlich. Sie verweist auf gewählte Gremien, geregelte Verfahren und formale Mehrheitsentscheidungen - also auf die äußere Ordnung demokratischer Entscheidungen. Doch gerade durch den Verweis auf Legitimität wird der Satz zur rhetorischen Sperre: Er signalisiert, dass mit dem Verweis auf Verfahren bereits alles gesagt ist. Inhaltliche Kritik, moralische Einwände oder Forderungen nach Partizipation werden damit für nebensächlich erklärt.

Die eigentliche Wirkung des Satzes liegt in seiner abschließenden Geste. Sie macht aus demokratischer Legitimation ein Argument gegen demokratische Diskussion. Dabei kann eine Entscheidung formal legitim und dennoch sozial spaltend, ungerecht, intransparent oder politisch unklug sein. Wer sich auf Legitimation beruft, ohne ihre Bedingungen - Beteiligungsmöglichkeiten, Machtverhältnisse, Informationsstand, Betroffenheit - zu reflektieren, nutzt

Demokratie als Rechtfertigungsformel, nicht als lebendigen Prozess.

Besonders problematisch wird es, wenn die Legitimation dazu dient, Kritik moralisch abzuwerten: Wer dagegen ist, stellt sich scheinbar gegen die Demokratie. Dabei ist gerade die Fähigkeit, legitim getroffene Entscheidungen auch kritisch zu hinterfragen, ein Kernelement demokratischer Kultur. Demokratie endet nicht mit der Abstimmung - sie beginnt erst danach.

Eine Diskussion kann eröffnet werden, indem man die Legitimität anerkennt, aber auch ihre Grenzen thematisiert. Zum Beispiel so:

„Klar, die Entscheidung war demokratisch legitimiert - aber heißt das auch, dass sie gut war? Vielleicht sollten wir beides ernst nehmen: das Verfahren und die Verantwortung, es immer wieder zu überprüfen".

Diese Antwort widerspricht nicht der formalen Demokratie, sondern ergänzt sie um die Frage nach inhaltlicher Qualität, öffentlicher Debatte und Verantwortlichkeit. Sie erinnert daran, dass Demokratie nicht nur aus Abstimmungen besteht, sondern aus der ständigen Bereitschaft, das Ergebnis auch zu begründen, zu kritisieren und – wenn nötig – zu korrigieren.

4.9 Demokratie
„Das wird man ja wohl noch sagen dürfen..."

Dieser Satz gehört zu den auffälligsten rhetorischen Abwehrformeln in öffentlichen Debatten. Sie klingt zunächst wie ein Appell an die Meinungsfreiheit - in Wirklichkeit ist sie eine Immunisierungsstrategie. Wer sie ausspricht, tut so, als sei seine Rede mit einem stillschweigenden Verbot belegt - obwohl sie gerade ausgesprochen wurde. So wird nicht das eigene Argument verteidigt, sondern vorweggenommen, dass jede Kritik daran ein Angriff auf die Meinungsfreiheit sei.

Der Effekt ist ein doppelter: Zum einen wird die eigene Position als mutig inszeniert, zum anderen wird jedes kritische Feedback als illegitim abgewertet. Der demokratische Diskurs wird so zu einer Bühne, auf der nicht mehr um Inhalte gestritten wird, sondern um das Recht, überhaupt etwas sagen zu dürfen - obwohl dieses Recht niemand bestreitet. Kritik wird so nicht als Teil der demokratischen Diskussionskultur verstanden, sondern als Beleg für vermeintliche Zensur.

Besonders perfide: Der Satz verteidigt nicht die Meinungsfreiheit, sondern schützt Inhalte vor Kritik. Sie begegnet Widerspruch nicht mit Argumenten, sondern mit moralischen Vorwürfen - meist dann, wenn es sich um rassistische, sexistische, populistische oder demokratiefeindliche Äußerungen handelt. Wer darauf hinweist, dass solche Aussagen problematisch sind, wird damit selbst in die Rolle des Antidemokraten gedrängt.

Ein Gespräch lässt sich öffnen, indem man zwischen Meinungsfreiheit und Folgen von Äußerungen unterscheidet:

„Natürlich darf jeder seine Meinung sagen – aber in einer Demokratie heißt das auch: andere dürfen widersprechen, kritisieren, widersprechen. Das gehört nicht zur Einschränkung, sondern zum Kern der Meinungsfreiheit."

Diese Antwort zeigt: Demokratie schützt das Recht zu sprechen – aber nicht davor, dass das Gesagte geprüft, zurückgewiesen oder hinterfragt wird. Wer auf Meinungsfreiheit pocht, muss auch mit Gegenrede leben. Denn gerade der Streit um das Sagbare macht demokratische Öffentlichkeit aus.

4.10 Demokratie
„Das Volk hat gesprochen."
Diese Aussage wirkt wie ein abschließendes Urteil. Sie beruft sich auf die demokratische Legitimation, auf den Mehrheitswillen, auf ein eindeutiges Ergebnis - und erklärt damit jede weitere Debatte für beendet. Wer so spricht, benutzt das Symbol des „Volkes" als absolute Instanz: unteilbar, eindeutig, unanfechtbar. Doch genau darin liegt die rhetorische Sackgasse. Denn Demokratie lebt nicht von Einstimmigkeit, sondern vom Dissens, vom Streit, von der Möglichkeit, Entscheidungen zu überprüfen und zu korrigieren.

„Das Volk hat gesprochen" wird besonders häufig nach Wahlen oder Volksabstimmungen verwendet, um Kritik an Inhalten oder Verfahren pauschal zurückzuweisen. Die Aussage suggeriert, dass jede Gegenmeinung und jede weitere Diskussion einem Angriff auf die Demokratie gleichkommt. Dabei bleibt meist unklar, wer mit „dem Volk" gemeint ist: Die Stimmberechtigten? Die Mehrheit der Abstimmenden? Oder nur die lautesten Stimmen? Der Ausdruck ignoriert, dass das „Volk" kein einheitliches Subjekt ist, sondern eine Vielzahl von Perspektiven, Interessen und Stimmen umfasst - auch nach einer Wahl.

Problematisch ist auch, dass mit dieser Formel jede politische Entwicklung in eine Endgültigkeit überführt wird. Der politische Prozess wird als abgeschlossen dargestellt, obwohl Demokratie gerade davon lebt, dass Entscheidungen überprüft, verändert oder neu verhandelt werden können.

Der Satz verwandelt Partizipation in Gehorsam - und ersetzt den Diskurs durch ein vermeintliches Schlusswort.

Man kann den Diskurs öffnen, indem man das Ergebnis anerkennt, aber die Offenheit des politischen Prozesses betont:

„Natürlich gab es eine Entscheidung - aber Demokratie heißt nicht, dass danach alles gesagt ist. Auch wenn Mehrheiten sprechen, bleibt Raum für Kritik, neue Argumente und Veränderung. Das ist kein Widerspruch, sondern demokratischer Alltag."

Diese Antwort widerspricht nicht dem Prinzip der Mehrheitsentscheidung, sondern erinnert daran, dass jede demokratische Entscheidung nur so gut ist, wie ihre Korrektur- und Diskussionsfähigkeit. Demokratie spricht nicht, sie bleibt im Gespräch.

5.1 Kunst
„Das kann mein Kind auch."

Diese Aussage gehört zu den am weitesten verbreiteten Abwertungen moderner und zeitgenössischer Kunst. Sie zielt auf Werke, die sich von traditionellem Handwerk, gegenständlicher Darstellung oder sichtbarem Aufwand entfernen - also etwa auf abstrakte Malerei, Minimalismus, Konzeptkunst oder gestische Spontaneität. Der Satz klingt flapsig, ist aber rhetorisch scharf: Er erklärt Kunst zu einem Missverständnis, das jeder - oder eben: jedes Kind - ebenso gut produzieren könnte.

Besonders problematisch wird die Aussage, wenn sie sich auf Werke bezieht, die nicht nur formal ungewöhnlich, sondern stilbildend waren. Sie blendet aus, dass jede erstmalige Realisierung eines neuen Ausdrucks, eines radikalen Bruchs oder eines ungewöhnlichen Mittels ein historischer Akt war - und dass gerade dieser erste Schritt, das erstmalige Zeigen einer Form, nicht wiederholbar ist. Was heute wie ein Kinderbild aussieht, war damals vielleicht ein Tabubruch, eine ästhetische Provokation oder ein völlig neuer Zugang zur Wahrnehmung.

Der Satz „Das kann mein Kind auch" erkennt nur das Ergebnis - nicht den kulturellen Kontext, die Entstehungssituation oder den Mut zur Grenzüberschreitung. Sie urteilt rückblickend mit dem Wissen des Nachgeborenen, ignoriert aber den Moment des ersten Auftretens eines Stils, der erst durch Wiederholung zur Konvention wurde. Kunst wie Kandinskys abstrakte Malerei, Pollocks Dripping-Technik oder Mondrians Reduktion auf Geometrie erscheinen heute vertraut, waren aber in ihrer Entstehungszeit eine Herausforderung für alle bekannten Kunstkategorien.

Das Bewusstmachen dieses historischen Moments kann eine Diskussion anstoßen:

„Es mag heute einfach erscheinen, aber stell dir vor, jemand hätte das zum ersten Mal gemacht. Damals gab es kein Vorbild, keine Vorlage, kein Publikum, das darauf vorbereitet war. Manchmal ist nicht das Wie entscheidend, sondern die Tatsache, dass überhaupt jemand diesen Schritt gewagt hat".

Diese Antwort nimmt das Gefühl des Unverständnisses ernst, erweitert es aber um die Perspektive des historischen Neuanfangs. Sie lädt dazu ein, Kunst nicht nur nach ihrer Form, sondern auch nach ihrer Idee, ihrer Zeitgenossenschaft und ihrer Wirkung zu beurteilen - und zeigt, dass das scheinbar „Einfache" oft der Beginn einer neuen Sprache war.

5.2 Kunst
„Das soll Kunst sein?"

Das ist Skepsis in ihrer einfachsten Form. Es ist kein offenes Interesse, sondern eine rhetorische Infragestellung - oft mit abschätzigem Unterton. Der Satz klingt wie eine Frage, ist aber meist ein Urteil: Was hier gezeigt wird, kann unmöglich Kunst sein. Warum? Weil es zu banal, zu chaotisch, zu leer, zu hässlich oder zu unverständlich ist. Die Aussage zieht eine Linie zwischen „echter" und „unechter" Kunst - und beansprucht für sich das letzte Wort über diese Grenze.

„Das soll Kunst sein?" ist deshalb eine klassische Killerphrase, weil sie das Gespräch nicht eröffnet, sondern beendet. Sie blockiert jede Auseinandersetzung mit Werk, Kontext oder Intention, indem sie den Kunststatus grundsätzlich bestreitet. Besonders häufig wird sie gegenüber Arbeiten verwendet, die keine offensichtliche Handwerklichkeit aufweisen oder nicht einem gängigen ästhetischen Ideal entsprechen - etwa in der Konzeptkunst, der Aktionskunst, der Alltagsästhetik oder bei Readymades.

Dabei ist die Frage nach dem Kunststatus selbst ein zentrales Thema der modernen Kunst. Spätestens seit Marcel Duchamps Urinal („Fountain") von 1917 gilt: Nicht nur das, was gemalt oder modelliert wird, kann Kunst sein - sondern auch das, was durch einen bestimmten Kontext, eine bestimmte Setzung oder Fragestellung zur Kunst wird. Die Kunst der Moderne und der Gegenwart arbeitet nicht selten genau an dieser Grenze: Sie fragt, was Kunst ist - und lässt diese Frage offen.

Ein Gespräch kann geöffnet werden, wenn man die Irritation ernst nimmt, aber zum Denken einlädt:

„Gute Frage – genau das wollte das Werk vielleicht auch hervorrufen. Vielleicht ist es ja gar nicht nur *Kunst*, sondern eine Einladung, über Kunst selbst nachzudenken. Was macht für dich Kunst aus – und warum?"

Diese Antwort anerkennt das Unverständnis, verwandelt es aber in eine produktive Bewegung. Sie verschiebt die Bewertung weg vom Urteil hin zur Reflexion – und erinnert daran, dass Kunst nicht immer gefallen, sondern auch befragen, provozieren oder stören darf.

5.3 Kunst
„Das ist doch reine Provokation."

Diese Aussage gehört zu den gängigsten Formen der Abwertung von Kunst, die irritiert, schockiert oder Erwartungen unterläuft. Sie unterstellt: Hier geht es nicht um Ausdruck, Idee oder Form, sondern nur um Aufmerksamkeit. Der Vorwurf klingt entlarvend - als habe man durchschaut, dass das Kunstwerk gar kein Anliegen verfolgt, sondern nur provozieren will, um zu stören, zu verletzen oder sich wichtig zu machen.

Doch gerade diese Einschätzung verhindert ein tieferes Nachdenken darüber, warum etwas provoziert - und was diese Reaktion sichtbar macht. Denn Provokation ist kein Selbstzweck, sondern oft ein künstlerisches Mittel, um gesellschaftliche Routinen, moralische Urteile oder Wahrnehmungsgewohnheiten in Frage zu stellen. Wer ein Werk mit dem Satz „Das ist doch nur Provokation" abtut, schützt nicht selten die eigene Sichtweise vor Verunsicherung - und entzieht sich dem Angebot, genau diese Verunsicherung zu reflektieren.

Die Phrase funktioniert als Killerformel, weil sie das Gespräch über Intention, Wirkung und Kontext des Werks sofort beendet. Sie unterstellt dem Kunstwerk eine böse Absicht und stellt es damit unter moralischen Generalverdacht. Dabei waren viele wegweisende Werke der Kunstgeschichte - von Goyas Kriegsbildern über die Aktionskunst der 1960er Jahre bis zur feministischen oder politischen Konzeptkunst - bewusst provokativ, weil sie sichtbar machten, was sonst unsichtbar geblieben wäre.

Das Gespräch kann sich öffnen, wenn man die Reaktion ernst nimmt, aber die Richtung ändert:

„Stimmt, das wirkt provokativ - aber vielleicht liegt genau darin die Frage: Was wird hier provoziert und warum? Wenn uns ein Werk provoziert, kann es sein, dass es an etwas rührt, das wir lieber unangetastet lassen würden".

Diese Antwort nimmt die Verstörung nicht als Makel, sondern als Impuls. Sie lädt dazu ein, Provokation nicht als Zeichen mangelnder Substanz, sondern als Mittel der Auseinandersetzung zu sehen – mit Themen, Tabus, Strukturen. Denn oft ist die Reaktion Teil des Werks. Und Kunst, die nichts auslöst, ist vielleicht weniger harmlos als irrelevant.

5.4 Kunst
„Früher war Kunst noch schön."

Diese Aussage ist Ausdruck eines nostalgischen Kunstverständnisses, das Schönheit als zentrales Kriterium künstlerischer Qualität ansieht. Sie klingt nach Bedauern, nach kultureller Enttäuschung, vielleicht auch nach Nostalgie - tatsächlich aber wirkt sie wie eine rhetorische Abwertung. Denn sie setzt einen einseitigen Maßstab, an dem sich alle

Formen zeitgenössischer Kunst messen lassen müssen, und erklärt implizit alles, was diesem Maßstab nicht genügt, für minderwertig, bedeutungslos oder degeneriert.

„Früher war Kunst schön" ist deshalb eine Killerphrase, weil sie nicht fragt, warum sich künstlerische Ausdrucksformen verändert haben, sondern diese Veränderung als Verlust interpretiert - als Abweichung von einer vermeintlich normativen Tradition. Dabei war Kunst nie nur schön. Auch frühere Epochen kannten das Anstößige, das Hässliche, das Groteske, das Politische oder das Verstummte. Schönheit war immer eine historische Kategorie - mal idealisiert, mal kritisch reflektiert, mal bewusst gebrochen.

Zudem verkennt die Aussage, dass viele Künstlerinnen und Künstler des 20. und 21. Jahrhunderts bewusst auf das Schöne verzichten - nicht aus Ablehnung der Ästhetik, sondern um andere Wirklichkeiten sichtbar zu machen: Schmerz, Ausgrenzung, Leere, Gewalt, Komplexität. Diese Kunst will nicht gefallen, sondern Fragen stellen, Widerstände erzeugen, Wahrnehmungen verschieben. Wer sie auf Schönheit reduziert, verfehlt ihren eigentlichen Anspruch.

Das Bedürfnis nach Schönheit ernst zu nehmen, es aber historisch zu relativieren, kann die Diskussion öffnen:

„Ja, Schönheit spielt in der Kunstgeschichte eine große Rolle - aber vielleicht hat sich unser Blick verändert. Kunst will heute oft nicht nur gefallen, sondern auch etwas zeigen, das wir sonst übersehen würden. Vielleicht ist das eine andere Art von Schönheit - eine, die erst in der Reflexion entsteht.

Diese Antwort würdigt das ästhetische Empfinden, fordert aber dazu auf, den Begriff der Schönheit nicht festzuschreiben, sondern zu erweitern. Denn was früher als schön galt, war selbst einmal neu, umstritten oder unverständlich. Kunst ist nicht dazu da, Erwartungen zu bedienen, sondern sie zu bewegen.

5.5 Kunst
„Heute macht doch jeder Kunst."
Diese Aussage mag wie eine beiläufige Beobachtung klingen, ist in ihrer Wirkung jedoch zutiefst abwertend. Sie suggeriert eine inflationäre Beliebigkeit: Wenn „alle" Kunst machen, verliert sie ihren Wert, ihre Ernsthaftigkeit und ihre Besonderheit. Die Rede von der allgegenwärtigen Kunst zieht die Grenze zwischen Kunst und Nicht-Kunst so weit, dass sie zu verschwinden droht – und genau darin liegt die rhetorische Falle: Es lohnt sich nicht mehr hinzuschauen, da ohnehin alles als Kunst gelten kann.

„Heute macht doch jeder Kunst" ist eine Killerphrase, weil sie nicht nur einzelne Werke, sondern das gesamte System der zeitgenössischen Kunst unter Generalverdacht stellt. Sie unterstellt einen Verlust an Maßstäben, an Qualität und an Autorität und spricht zugleich einem vermeintlich vergangenen Kanon künstlerischer Ernsthaftigkeit das Monopol auf „wahre" Kunst zu. Implizit schwingt dabei oft eine Kritik an Kunsthochschulen, Ausstellungen, Förderpolitik oder digitaler Kultur mit – alles erscheint als überproduziert, selbstbezogen und bedeutungslos.

Dabei ist gerade die Öffnung dessen, was als Kunst gilt, eine historische Leistung. Die Demokratisierung künstlerischer Ausdrucksformen – durch Fotografie, Performance, Street Art, Social Media oder partizipative Projekte – bedeutet keine Entwertung, sondern eine Pluralisierung. Sie erweitert die Frage: „Wer darf Kunst machen?" Für wen? Mit welchen Mitteln? Und zu welchem Zweck? Die Tatsache, dass heute viele Menschen künstlerisch arbeiten, bedeutet nicht das Ende der Kunst, sondern ist eine Einladung, ihren Rahmen neu zu verhandeln.

Ein Dialog kann eröffnet werden, indem Beobachtungen aufgenommen, aber neu interpretiert werden.

„Ja, heute äußern sich viele künstlerisch – vielleicht, weil Kunst nicht mehr nur im Museum stattfindet, sondern mitten im Leben. Die eigentliche Frage ist vielleicht gar nicht, ob ‚jeder' das darf, sondern was wir heute unter Kunst verstehen – und warum das spannend sein könnte."

Diese Antwort geht der Irritation nicht aus dem Weg, sondern lenkt sie in eine offene Richtung. Sie macht deutlich, dass die Vielfalt künstlerischer Ausdrucksformen kein Qualitätsverlust ist, sondern Ausdruck gesellschaftlicher Veränderung. Kunst entsteht nicht durch Ausschluss, sondern durch die Frage, was sie bewirken kann – auch und gerade dann, wenn sie nicht mehr exklusiv ist.

5.6 Kunst
„Kunst muss sich lohnen."

Diese Aussage überträgt ein ökonomisches Maß auf ein kulturelles Feld und macht es damit zu einem Wertkriterium. Sie klingt pragmatisch und fast vernünftig: Wer Kunst macht, soll davon leben können. Doch genau in dieser scheinbaren Selbstverständlichkeit liegt ihre Wirkung als Killerphrase. Denn sie kehrt das Verhältnis von Zweck und Ausdruck um und stellt nicht mehr die Frage, was Kunst bedeutet oder bewirken kann, sondern nur noch, ob sie sich auszahlt.

„Kunst muss sich lohnen" schließt viele Kunstformen sofort aus: das Experimentelle, das Prozesshafte, das Unfertige, das Widerständige, das Stille. Alles, was sich nicht verkaufen, vermarkten oder bilanzieren lässt, gilt als irrelevant. Kunst wird so auf ihren Marktwert reduziert und alles, was sich diesem entzieht, erscheint als Luxus, Hobby oder Provokation. Dabei ignoriert die Aussage, dass viele der bedeutendsten künstlerischen Entwicklungen gerade nicht unter dem Druck wirtschaftlicher Verwertbarkeit entstanden sind, sondern aus Notwendigkeit, Überzeugung, Dringlichkeit oder Trotz.

Zudem verschleiert die Phrase die Bedingungen, unter denen Kunst produziert wird: prekäre Arbeitsverhältnisse, Abhängigkeit von Förderung und strukturelle Unsicherheit. Anstatt das System in den Blick zu nehmen, das Künstlerinnen und Künstler oft marginalisiert, stellt sie deren Leistung unter den Verdacht der Nutzlosigkeit. Damit wird eine doppelte Entwertung vollzogen: ökonomisch wie ästhetisch.

Ein Gespräch lässt sich öffnen, wenn man die ökonomische Realität anerkennt, aber die Bewertungsgrundlage hinterfragt.

„Natürlich sollten Künstler von ihrer Arbeit leben können – aber ist ,lohnen' wirklich das einzige Kriterium? Vielleicht lohnt sich Kunst ja gerade dadurch, dass sie Dinge zeigt, die sich nicht rechnen lassen, die aber dennoch wesentlich sind."

Diese Antwort erkennt den Wunsch nach Anerkennung an, verschiebt aber den Maßstab: Nicht nur Geld entscheidet über Wert. Kunst schafft Räume des Denkens, Fühlens und Streitens – nicht trotz, sondern gerade wegen fehlender ökonomischer Logik. Was sich lohnt, muss man nicht immer in Zahlen ausdrücken. Manchmal reicht ein Blick.

5.7 Kunst
„Das ist einfach nur Geschmackssache."

Diese Phrase klingt tolerant, ja sogar liberal, als wolle man sagen: „Jeder soll sehen, was er will." Doch hinter dieser scheinbar offenen Haltung verbirgt sich eine rhetorische Absage an jede ernsthafte Auseinandersetzung. Wer ein Kunstwerk nämlich als bloße Geschmackssache abtut, entzieht es der Frage nach Bedeutung, Kontext, Intention und Wirkung. Es bleibt beim Urteil „gefällt mir" oder „gefällt mir nicht" – alles Weitere ist zwecklos.

„Das ist einfach nur Geschmackssache" ist deshalb eine typische Killerphrase, weil sie das Gespräch auf eine persönliche Vorliebe reduziert, ohne diese zu hinterfragen. Sie blockiert die Möglichkeit, darüber zu sprechen, warum ein Werk irritiert, berührt oder abstößt, welche Geschichte es erzählt, welche Konventionen es unterläuft oder welche Perspektive es eröffnet. So wird aus Kunst Konsum und aus Kritik Befindlichkeit.

Zugleich verkennt die Phrase, dass Geschmack nicht neutral ist. Was als schön, wertvoll oder störend gilt, ist kulturell geprägt, sozial gelernt und historisch wandelbar. Wer etwas „nur" dem Geschmack zuordnet, behandelt es als beliebig und entzieht es der gesellschaftlichen Debatte. Gerade Kunst lebt jedoch davon, dass sie an gemeinsamen Formen des Sehens und Denkens mitarbeitet und genau dort produktiv wird, wo Geschmack nicht ausreicht.

Ein Gespräch lässt sich öffnen, indem man Geschmack nicht leugnet, sondern erweitert.

„Klar spielt Geschmack eine Rolle, aber es kann sich trotzdem lohnen, zu fragen, was das Werk sagen will. Vielleicht trifft es ja gerade etwas, das mit unserem Geschmack ins Reiben kommt – und gerade deshalb interessant ist." Diese Antwort respektiert die persönliche Wahrnehmung, macht sie aber zum Ausgangspunkt für weitere Überlegungen. Sie lädt dazu ein, Kunst nicht nur zu mögen oder abzulehnen, sondern sie zu lesen, und zeigt, dass gerade dort, wo Geschmack nicht mehr genügt, oft das Denken beginnt.

5.8 Kunst
„Kunst kommt von ‚Können'."

Diese Phrase wird oft mit einem ironischen Unterton ausgesprochen, meist in Form einer Grenzziehung: Was nicht sichtbar „könnerhaft" ist – etwa technisch virtuos, detailreich oder akademisch korrekt –, gilt als keine Kunst. Sie klingt nach handwerklichem Anspruch, nach Disziplin, nach echtem Können. In Wahrheit ist sie jedoch eine rhetorische Ausgrenzungsformel, die all jene Ausdrucksformen abwertet, die sich nicht über Technik, sondern über Idee, Konzept, Geste oder Kontext definieren.

„Kunst kommt von ‚Können'" ist deshalb eine Killerphrase, weil sie einen engen, traditionellen Kunstbegriff absolut setzt – als ginge es immer um die Beherrschung von Materialien, Perspektive, Proportion und Ausführung. Dabei ignoriert sie, dass sich der Kunstbegriff historisch immer wieder erweitert hat: von der symbolischen Form über das expressive Subjekt bis zur gesellschaftlichen Intervention. Und dass „Können" in der Kunst längst nicht nur Technik meint, sondern auch die Fähigkeit zur

Provokation, zur Konzentration und zur Transformation von Wirklichkeit.

Die Aussage ist besonders problematisch, weil sie das Sichtbare überbewertet und das Denken entwertet. Wenn ein Werk nicht zeigt, was jemand „kann", gilt es schnell als beliebig oder faul. Doch viele Werke der Konzeptkunst, der Minimal Art oder der Aktionskunst brechen diese Erwartung bewusst, um die Frage aufzuwerfen, was Kunst ist, wer sie machen darf und wo sie beginnt.

Ein Gespräch lässt sich eröffnen, indem das Können nicht abgelehnt, sondern anders verstanden wird.

„Können spielt sicher eine Rolle, aber in der Kunst meint es vielleicht mehr als nur Technik. Vielleicht geht es auch darum, mit einer Idee, einer Geste oder einem Risiko etwas zu zeigen, das ohne Kunst gar nicht sichtbar würde."

Diese Antwort würdigt die Bedeutung von handwerklichem Können, ohne es absolut zu setzen. Sie öffnet den Raum für ein erweitertes Verständnis von künstlerischer Fähigkeit als Form der Aufmerksamkeit, der Reflexion und der Haltung. Denn Kunst kommt nicht nur von Können, sondern auch von Wollen, Fragen, Scheitern und Neu-Sehen.

5.9 Kunst
„Das versteht doch keiner."

Diese Phrase wird oft beiläufig oder resigniert geäußert – als Urteil über Kunstwerke, die sich nicht auf den ersten Blick erschließen, irritieren oder unkonventionell sind. Sie klingt nach Frustration, ist in ihrer Wirkung aber endgültig: Was angeblich „keiner" versteht, wird als irrelevant oder elitär abgetan und ausgegrenzt. Anstatt die eigene

Unsicherheit oder das Fremde anzuerkennen, wird die Verantwortung auf das Werk abgeschoben, als sei Unverständlichkeit ein Mangel der Kunst und nicht der Ausdruck einer Herausforderung.

„Das versteht doch keiner" ist deshalb eine Killerphrase, weil sie jede Auseinandersetzung im Voraus abbricht. Sie ersetzt die Frage „Was will das Werk?" durch das Urteil „Das ergibt keinen Sinn." Besonders gegenüber Konzeptkunst, Performance, Installationen oder medienübergreifenden Arbeiten dient die Phrase als Abwehrformel gegen alles, was sich nicht sofort konsumieren lässt. Sie blockiert nicht nur das Verstehen, sondern auch die Bereitschaft, sich auf Mehrdeutigkeit, Widerstand oder Unfertigkeit einzulassen.

Dabei ist Unverständnis kein Scheitern, sondern oft der Anfang von Erkenntnis. Kunst muss nicht unmittelbar „verstanden" werden – sie kann wirken, nachhallen, stören und langsam erschlossen werden. Gerade in einer Kultur der ständigen Erklärbarkeit und schnellen Rezeption ist es wertvoll, wenn sich ein Werk dem Zugriff entzieht. Wer behauptet, niemand verstehe etwas, spricht allen anderen die Fähigkeit zum eigenständigen Denken ab und macht das Schweigen zur Norm.

Ein Gespräch lässt sich öffnen, wenn man das Unverständnis anerkennt und als produktive Erfahrung umdeutet.

„Vielleicht ist es wirklich schwer zu verstehen, aber genau das könnte doch der Punkt sein. Vielleicht will das Werk nicht gleich alles erklären, sondern etwas offenlassen. Manchmal lohnt es sich, genau da zu bleiben, wo man noch keine Antwort hat."

Diese Antwort lädt dazu ein, Kunst nicht sofort einzuordnen, sondern als Raum für Fragen zu begreifen. Sie macht aus dem Nichtverstehen keine Schwäche, sondern eine Gelegenheit und erinnert daran, dass Kunst nicht immer verstanden werden muss, um etwas auszulösen. Denn was niemand sofort versteht, kann genau das sein, was man noch nie gesehen hat.

5.10 Kunst
„Dafür braucht man kein Talent."

Diese Aussage zielt direkt auf das Herz künstlerischer Arbeit – und verfehlt es zugleich. Sie wirkt wie ein Urteil über das handwerkliche Niveau eines Werks, bedeutet aber tatsächlich: „Das hätte jeder gekonnt." Es fehlt das sichtbar Schwierige, das technisch Anspruchsvolle, das augenfällig „Gekonnte". Doch genau diese Vorstellung von Talent als etwas Angeborenem, Herausragendem und möglichst schnell Erkennbarem greift im Kontext moderner und zeitgenössischer Kunst zu kurz.

„Dafür braucht man kein Talent" ist eine Killerphrase, weil sie Kunst auf Virtuosität reduziert und alles andere entwertet. Idee, Kontext, Haltung, soziale Wirksamkeit, kritisches Potenzial. Ein Werk wird an einem engen Maßstab technischer Fertigkeit gemessen und genau jene Formen, die sich dieser Logik bewusst entziehen, werden für wertlos erklärt: konzeptuelle Arbeiten, minimalistische Gesten, politische Installationen, künstlerische Forschung. Sie setzt Können mit Darstellungsgeschick gleich und blendet dabei die Fähigkeit aus, Fragen zu stellen, Komplexität zuzulassen oder die Wahrnehmung zu verändern.

Außerdem ist Talent keine Garantie für Kunst – und sein Fehlen schließt niemanden aus. Viele wichtige künstlerische Positionen leben nicht von makelloser Technik, sondern von Beharrlichkeit, Mut zur Reduktion oder radikaler Subjektivität. Was als „nicht talentiert" erscheint, ist häufig ein bewusster Bruch mit der Erwartung, Kunst müsse beeindrucken oder gefallen.

Ein Gespräch lässt sich eröffnen, indem der Begriff des Talents neu definiert wird:

„Für dieses Werk braucht man vielleicht kein klassisches Zeichentalent, aber vielleicht ein anderes Können: den Mut, auf die Wirkung einer Idee zu vertrauen. Nicht jede Kunst will zeigen, was jemand kann. Manchmal zeigt sie, was gesagt werden muss."

Diese Antwort verschiebt den Fokus vom bloßen Können zum Ausdruckswillen. Sie macht sichtbar, dass künstlerisches Arbeiten viele Formen annehmen kann und dass nicht das technisch Spektakuläre, sondern oft das scheinbar Einfache die größte Wirkung entfaltet. Denn Talent zeigt sich nicht nur im Detail, sondern auch im Denken.

6.1 Wissenschaft
„Das ist doch nur eine Theorie."

Auf den ersten Blick wirkt diese Aussage harmlos, wie ein Hinweis auf Vorläufigkeit oder Unsicherheit. Tatsächlich ist sie jedoch eine tiefgreifende rhetorische Entwertung wissenschaftlicher Aussagen. Wer so spricht, verwechselt den Begriff „Theorie" im wissenschaftlichen Sinn – als gut begründetes, systematisch entwickeltes Erklärungsmodell – mit einer bloßen Meinung, Spekulation oder Vermutung.

Damit wird nicht nur die Aussage entkräftet, sondern auch das wissenschaftliche Verfahren selbst infrage gestellt.

„Das ist doch nur eine Theorie" ist eine typische Killerphrase, weil sie den erkenntnistheoretischen Kern wissenschaftlicher Arbeit missversteht und somit delegitimiert. Wissenschaftliche Theorien sind nicht beliebig, sondern beruhen auf überprüfbaren Annahmen, methodisch gestützten Beobachtungen und systematischer Argumentation. Sie sind offen für Revision, aber nicht beliebig und oft das Beste, was wir wissen können.

Die Phrase verschiebt die Diskussion von der Frage nach Plausibilität, Begründung und Evidenz hin zu einer pauschalen Abwertung: Theorie gleich Unsicherheit. Besonders in gesellschaftspolitischen oder weltanschaulich umkämpften Feldern (z. B. Klimawandel, Evolution, Impfwirkung) dient diese Aussage dazu, wissenschaftliche Positionen auf die gleiche Stufe wie persönliche Überzeugungen zu stellen – als sei alles gleich gültig.

Ein Gespräch lässt sich eröffnen, indem man den Theoriebegriff klärt, ohne zu belehren.

„Stimmt, es ist eine Theorie. Aber gerade in der Wissenschaft heißt das: ein durch viele Daten und Beobachtungen gestütztes Modell. Theorie bedeutet nicht ‚unbewiesen', sondern ‚bestmögliche Erklärung auf dem aktuellen Stand des Wissens'."

Diese Antwort bringt Sachlichkeit zurück ins Gespräch. Sie zeigt, dass eine Theorie in der Wissenschaft keine Schwäche, sondern eine Stärke ist, da sie transparent, überprüfbar und weiterentwickelbar ist. Wer Theorien ablehnt, lehnt somit nicht Unsicherheit ab, sondern die Möglichkeit, mit ihr produktiv umzugehen.

6.2 Wissenschaft
„Die Wissenschaft ist sich doch nie einig."

Diese Aussage bringt ein weit verbreitetes Missverständnis über die Natur wissenschaftlicher Arbeit zum Ausdruck und nutzt es als rhetorisches Abbruchsignal. Was zunächst wie eine nüchterne Feststellung klingt, wird zur Abwertung: Wenn sich Wissenschaftler widersprechen, scheint das ein Beweis für Unzuverlässigkeit, Beliebigkeit oder sogar Manipulation zu sein. Doch genau das Gegenteil ist der Fall: Uneinigkeit ist kein Fehler im System Wissenschaft, sondern ihr Motor.

„Die Wissenschaft ist sich doch nie einig" ist eine Killerphrase, weil sie produktiven Streit mit chaotischer Beliebigkeit verwechselt. Dadurch wird das Bild von Wissenschaft als methodisch organisierter Erkenntnispraxis zu dem eines Durcheinanders widersprüchlicher Meinungen verschoben. Damit wird der Eindruck erweckt, dass sich jede Position rechtfertigen lässt, weil sich ja „sogar die Experten" nicht einig sind. In Wirklichkeit folgt wissenschaftliche Uneinigkeit jedoch klaren Regeln. Sie entsteht aus unterschiedlichen Hypothesen, aus offenen Fragen und aus neuen Daten. Sie ist notwendig, um Wissen zu überprüfen, zu erweitern oder zu korrigieren.

Gerade dort, wo komplexe Probleme verhandelt werden – etwa bei Pandemien, Klimamodellen oder gesellschaftlichen Transformationen –, ist Uneinigkeit ein Zeichen dafür, dass Wissenschaft arbeitet. Sie ringt mit Unsicherheit, mit sich wandelnden Daten und mit konkurrierenden Methoden. Wer diesen Streit als Schwäche auslegt, verwechselt Wissenschaft mit Ideologie und nutzt dies zur Relativierung unbequemer Erkenntnisse.

Ein Gespräch lässt sich öffnen, indem man den Streit als Stärke benennt.

„Stimmt, Wissenschaft lebt vom Widerspruch. Aber das heißt nicht, dass alles beliebig ist. Gerade weil sich Wissenschaftler nicht sofort einig sind, entsteht am Ende belastbares Wissen. Denn geprüft wird nicht der Konsens, sondern die Begründung."

Diese Antwort räumt mit dem Mythos der Einigkeit als Qualitätsmerkmal auf und erinnert daran, dass Erkenntnis ein Prozess ist. Uneinigkeit in der Wissenschaft ist somit kein Zeichen von Schwäche, sondern der sichtbar werdende Weg zu einer besseren Einsicht.

6.3 Wissenschaft
„Da gibt's Studien zu allem und jedem."

Diese Aussage ist Ausdruck einer weit verbreiteten Skepsis gegenüber der Wissenschaft, insbesondere in ihrer medial vermittelten Form. Sie suggeriert: Für jede Behauptung gibt es irgendeine Studie, die sie stützt – also kann man keiner wirklich trauen. Damit wird die Idee wissenschaftlicher Evidenz relativiert, Forschung als beliebig dargestellt und das Vertrauen in wissenschaftliche Aussagen grundsätzlich infrage gestellt. Was bleibt, ist der Eindruck, dass Studien bloß rhetorisches Material für jede Position sind und keine Grundlage für belastbare Erkenntnisse bieten.

„Da gibt's Studien zu allem und jedem" ist eine Killerphrase, weil sie nicht nur einzelne Studien kritisiert, sondern die Logik wissenschaftlicher Erkenntnis insgesamt entwertet. Der Satz ersetzt Prüfung durch Pauschalisierung und erzeugt ein Klima, in dem jede empirisch gestützte Aussage mit einem Schulterzucken abgetan werden kann.

Dabei wird ignoriert, dass sich Studien in Qualität, Methode, Aussagekraft und Kontext stark unterscheiden – und dass Wissenschaft genau deshalb auf kritische Bewertung, Replikation und systematische Zusammenhänge setzt.

Besonders problematisch ist, dass diese Phrase oft dann verwendet wird, wenn wissenschaftliche Ergebnisse unbequem sind, beispielsweise in Fragen der Gesundheit, Umweltpolitik oder sozialen Ungleichheit. Sie dient dann nicht der Aufklärung, sondern der Abwehr: Was wissenschaftlich gezeigt wurde, wird nicht widerlegt, sondern delegitimiert, da angeblich jeder Studie eine Gegenaussage gegenüberstehen könne.

Ein Gespräch lässt sich öffnen, indem man die Vielfalt der Forschung anerkennt, aber die Bedeutung systematischer Überprüfung betont.

„Stimmt, es gibt viele Studien, aber das heißt nicht, dass alle gleich verlässlich sind. Wichtig ist doch: Welche Studien sind gut gemacht, mehrfach bestätigt und in größere Zusammenhänge eingebettet? Genau das unterscheidet Wissenschaft von bloßer Meinung."

Diese Antwort lenkt die Aufmerksamkeit von der bloßen Menge der Studien weg und hin zur Frage ihrer Qualität und Einbettung. Sie macht deutlich, dass Wissenschaft nicht aus Einzelstudien besteht, sondern aus Prozessen, die Übersicht, Konsistenz und Kritik ermöglichen sollen – nicht Beliebigkeit.

6.4 Wissenschaft
„Die sind doch alle gekauft."

Mit dieser Aussage wird ein tiefes Misstrauen gegenüber wissenschaftlichen Institutionen, Expert:innen und Studien zum Ausdruck gebracht. Es wird der pauschale Vorwurf formuliert, Wissenschaftler:innen handelten nicht aus Erkenntnisinteresse, sondern aus ökonomischem Kalkül oder im Dienst politischer Interessen. Damit wird das gesamte System wissenschaftlicher Forschung delegitimiert – nicht durch inhaltliche Kritik, sondern durch die Unterstellung von Korruption.

„Die sind doch alle gekauft" ist eine Killerphrase, weil damit nicht nur Zweifel geäußert werden, sondern sich auch jede Diskussion erübrigt. Sie kehrt die Beweislast um. Wer auf wissenschaftliche Ergebnisse verweist, gilt von vornherein als Teil eines undurchsichtigen Machtapparats. So kann jede Aussage mit einem Generalverdacht überzogen werden – unabhängig von ihrer Qualität, Nachprüfbarkeit oder methodischen Grundlage. Die Folge ist, dass nicht das bessere Argument zählt, sondern das Misstrauen gegen jede Form institutionalisierter Erkenntnis.

Problematisch ist auch, dass die Aussage zwischen begründeter Kritik und Verschwörungsdenken kaum noch unterscheidet. Natürlich gibt es wirtschaftliche Interessen in der Forschung, problematische Drittmittelabhängigkeiten oder gezielte Einflussnahme – genau deshalb gibt es Peer Review, Offenlegungspflichten und wissenschaftsethische Standards. Wer jedoch alle Beteiligten pauschal als „gekauft" bezeichnet, macht aus Einzelfällen ein System und untergräbt die Möglichkeit, überhaupt noch zwischen guter und schlechter Forschung zu unterscheiden.

Ein Gespräch lässt sich öffnen, wenn man das Misstrauen ernst nimmt, aber pauschale Unterstellungen infrage stellt. „Ja, es gibt Fälle, in denen Geld Einfluss nimmt – und genau deshalb gibt es in der Wissenschaft Mechanismen zur Kontrolle und Transparenz. Die Frage ist: Welche Studien lassen sich unabhängig überprüfen? Und wo wird genau hingeschaut, statt einfach zu misstrauen?"

Diese Antwort nimmt die Kritik auf, ohne sie zu bestätigen. Sie verschiebt die Pauschalverurteilung in eine konkrete Auseinandersetzung über wissenschaftliche Standards, Nachvollziehbarkeit und kritische Praxis. Denn die Wissenschaft lebt nicht vom Vertrauen in Personen, sondern von überprüfbaren Verfahren, offenen Daten und strukturiertem Zweifel.

6.5 Wissenschaft
„Ich glaube nur, was ich sehe."

Auf den ersten Blick wirkt diese Aussage wie ein Ausdruck gesunden Menschenverstands, als würde sie für kritisches Denken und Skepsis stehen. Tatsächlich ist sie jedoch eine rhetorische Absage an die Grundlagen wissenschaftlicher Erkenntnis. Denn viele zentrale Einsichten der modernen Wissenschaft beruhen nicht auf unmittelbarer Sichtbarkeit, sondern auf Messung, Modellbildung, Theorie, Inferenz und indirekter Beobachtung. Wer nur glaubt, was er „selbst sieht", verwechselt subjektive Wahrnehmung mit objektiver Evidenz und lehnt damit einen Großteil des wissenschaftlichen Wissens ab.

„Ich glaube nur, was ich sehe" ist eine Killerphrase, weil sie komplexe Erkenntnisvorgänge auf persönliche Erfahrung reduziert. Sie macht die Reichweite von Wissenschaft abhängig von der Alltagswahrnehmung – als wären Klima-veränderungen, Viren, Teilchen, Felder, Wahrscheinlich-keiten oder soziale Dynamiken nur dann real, wenn sie sich mit bloßem Auge zeigen. Damit wird wissenschaftliches Wissen nicht überdacht, sondern privatisiert. Wahr ist nur, was ins eigene Weltbild passt.

Zugleich entzieht sich die Aussage jeder Begründungs-pflicht: Wer auf Fakten oder Modelle verweist, wird mit ei-nem Achselzucken abgewiesen – „Hab ich nicht gesehen, glaub ich nicht." Das Gespräch endet somit nicht mit ei-nem Argument, sondern mit einer Haltung. Besonders ge-fährlich wird diese Phrase, wenn sie als Totschlagargument gegen abstrakte oder unbequeme Erkenntnisse eingesetzt wird, beispielsweise in Fragen des Klimawandels, der Evo-lution, der Statistik oder der Systemforschung.

Ein Gespräch lässt sich öffnen, indem man das Bedürfnis nach Anschaulichkeit aufgreift und epistemologisch ver-tieft.

„Versteh ich – Sichtbares überzeugt oft mehr als Zahlen. Aber vieles, was wir wissen, sehen wir nicht direkt, sondern erkennen es an seinen Wirkungen, an Messdaten oder an Modellen. Wenn wir nur glauben würden, was wir sehen, gäbe es keine Röntgenbilder, keine Medizin und keine Ast-ronomie."

Diese Antwort nimmt den Wunsch nach unmittelbarer Evidenz ernst, zeigt aber zugleich, dass die Wissenschaft gerade dort stark ist, wo unsere Sinne an ihre Grenzen sto-ßen. Was wir nicht sehen, können wir trotzdem verstehen – oft sogar besser, weil wir gelernt haben, die Welt nicht nur mit den Augen zu lesen, sondern auch mit Denkmo-dellen, Instrumenten und geprüften Verfahren.

6.6 Wissenschaft
„Das sagt nur die Schulwissenschaft."

Diese Aussage ist ein typisches Abgrenzungsmanöver gegenüber etablierten wissenschaftlichen Erkenntnissen und Verfahren. Zwar klingt sie zunächst nach Kritik an Autorität oder Konvention, tatsächlich dient sie aber oft dazu, alternative Überzeugungen aufzuwerten, ohne sich dem methodischen Anspruch wissenschaftlicher Überprüfbarkeit zu stellen. Der Begriff „Schulwissenschaft" wird dabei abschätzig verwendet, um reguläre Forschung als dogmatisch, beschränkt oder fremdbestimmt darzustellen – im Gegensatz zu vermeintlich „freierem", „ganzheitlicherem" oder „spirituellerem" Wissen.

„Das sagt nur die Schulwissenschaft" ist eine Killerphrase, weil nicht auf sachlicher Ebene argumentiert wird, sondern auf der Beziehungsebene angegriffen wird: Es wird unterstellt, dass Wissenschaftler an ein System gebunden sind, das bestimmte Ergebnisse vorgibt oder abweichende Sichtweisen unterdrückt. Damit wird nicht der Inhalt einer Aussage geprüft, sondern ihre Herkunft entwertet. Alles, was aus wissenschaftlichen Institutionen stammt, gilt von vornherein als verdächtig, während jede alternative Position als „unabhängig" oder „mutig" erscheint – selbst wenn sie unbegründet, unüberprüfbar oder ideologisch ist.

Die Wirkung dieser Phrase besteht also darin, eine wissenschaftliche Position nicht zu widerlegen, sondern zu delegitimieren. Dies funktioniert ähnlich wie die Verwendung der Begriffe „Mainstream-Medien" in der Medienkritik oder „Systemparteien" in der politischen Rhetorik: Alles, was aus einer als geschlossen markierten Quelle stammt, wird pauschal abgewertet – ganz gleich, wie gut es begründet ist.

Ein Gespräch lässt sich eröffnen, indem man Kritik an etablierten Sichtweisen aufgreift und an den Begriff der Überprüfbarkeit anknüpft.

„Klar, Wissenschaft verändert sich – und sie muss sich auch selbst hinterfragen. Aber gerade die sogenannte Schulwissenschaft tut genau das: Sie überprüft, diskutiert, verwirft und verbessert. Vielleicht ist die entscheidende Frage nicht, woher etwas kommt, sondern wie gut es begründet ist."

Diese Antwort nimmt den Wunsch nach Offenheit ernst, ohne auf überprüfbare Standards zu verzichten. Sie zeigt, dass Wissenschaft keine abgeschlossene Lehre ist, sondern ein System methodisch kontrollierten Zweifels, das es möglich macht, Irrtümer zu erkennen, statt an Überzeugungen zu glauben. Wer nur sagt: „Das sagt halt die Schulwissenschaft", schließt sich aus der Debatte aus, anstatt sie mitzugestalten.

6.7 Wissenschaft
„Wissenschaft ändert sich ständig."

Diese Aussage klingt zunächst wie eine nüchterne Feststellung und ist im Kern auch nicht falsch. Wissenschaftliche Erkenntnisse entwickeln sich weiter, werden überprüft, korrigiert, verfeinert oder ersetzt. Doch gerade diese Dynamik wird in der Phrase als Schwäche ausgelegt, nicht als Stärke: Was sich ständig ändert, so die implizite Botschaft, kann man nicht ernst nehmen. Die Aussage untergräbt das Vertrauen in wissenschaftliche Aussagen, indem sie Wandel mit Willkür verwechselt.

„Wissenschaft ändert sich ständig" ist eine Killerphrase, weil sie einen zentralen Wert wissenschaftlicher Erkenntnis – ihre Revidierbarkeit – in ein Argument gegen ihre Verlässlichkeit verkehrt. Dabei wird ignoriert, dass wissenschaftlicher Fortschritt nicht sprunghaft oder beliebig, sondern methodisch kontrolliert und begründet verläuft. Änderungen entstehen nicht aus Meinungsumschwüngen, sondern aus neuen Daten, besseren Methoden oder präziseren Modellen.

Die Phrase ist besonders wirksam, wenn sie in gesellschaftlichen Debatten auftritt, etwa in der Medizin, Klimaforschung oder Ökonomie. Dort, wo sich Empfehlungen an neue Erkenntnisse anpassen, wird dies als Unsicherheit gedeutet – und nicht als verantwortungsvolle Reaktion. Damit wird die Offenheit der Wissenschaft mit Unzuverlässigkeit gleichgesetzt und ihre Selbstkorrekturfähigkeit zum Nachteil erklärt.

Ein Gespräch lässt sich eröffnen, indem die Veränderung als Ausdruck von Lernfähigkeit gedeutet wird.

„Stimmt, Wissenschaft verändert sich, und das ist auch gut so. Denn genau das macht sie glaubwürdig: Sie hält nicht an Fehlern fest, sondern verbessert sich mit jeder neuen Erkenntnis. Stabil ist dabei nicht das Ergebnis, sondern die Methode."

Diese Antwort zeigt, dass Wandel kein Mangel, sondern Teil wissenschaftlicher Seriosität ist. Wer will, dass Aussagen dauerhaft stimmen, muss zulassen, dass sie sich verändern dürfen, denn die Welt, auf die sie sich beziehen, ist komplex. Wissenschaft ist nicht dann stark, wenn sie sich nicht ändert, sondern wenn sie weiß, wann und warum sie es tut.

6.8 Wissenschaft

„Fakten ändern sich – also sind es keine Fakten."

Diese Aussage wirkt auf den ersten Blick logisch, ist aber inhaltlich irreführend. Sie setzt eine falsche Erwartung mit dem Begriff „Fakt" gleich, nämlich dass ein Fakt unumstößlich, zeitlos und unabhängig vom Erkenntnisstand sein müsse. Wenn sich ein Fakt ändert, könne es sich laut dieser Schlussfolgerung nur um eine Täuschung, Manipulation oder bloße Meinung gehandelt haben. Doch genau diese Denkweise verkennt, wie wissenschaftliches Wissen zustande kommt und was ein „Fakt" im wissenschaftlichen Sinne ist.

„Fakten ändern sich – also sind es keine Fakten" ist eine Killerphrase, weil sie das Verhältnis zwischen Wissen und Wirklichkeit auf unproduktive Weise verdreht. Sie tut so, als müssten Fakten von sich aus unveränderlich sein, anstatt anzuerkennen, dass sie Ergebnisse von Beobachtung, Messung, Interpretation und Kontextualisierung sind. Fakten sind nicht einfach da, sondern sie werden erzeugt, geprüft, kommuniziert und können bei neuen Erkenntnissen auch neu beschrieben werden. Das macht sie nicht beliebig, sondern bedingt belastbar – auf Zeit, in einem bestimmten Rahmen, unter bestimmten Bedingungen.

Besonders wirksam ist diese Phrase, wenn frühere wissenschaftliche Aussagen später revidiert oder präzisiert wurden (z. B. Ernährungsempfehlungen, medizinische Leitlinien, Klimaprognosen). Der Wechsel wird dann nicht als Fortschritt, sondern als Beweis der Unzuverlässigkeit gelesen. Damit wird das Vertrauen in wissenschaftliche Arbeit untergraben – nicht, weil sie falsch lag, sondern weil sie sich weiterentwickelt hat.

Ein Gespräch lässt sich öffnen, indem man zwischen Fakt und Deutung bzw. zwischen Beobachtung und Modellbildung unterscheidet.

„Ein Fakt beschreibt etwas, das nach bestem Wissen beobachtbar oder messbar ist – aber unser Wissen wächst. Wenn sich ein sogenannter Fakt ändert, dann liegt das in der Regel nicht daran, dass er nie gegolten hat, sondern daran, dass wir mehr verstanden haben. Wissenschaft ist kein Dogma, sondern ein Lernprozess."

Diese Antwort macht deutlich, dass die Möglichkeit der Änderung von Erkenntnissen kein Zeichen von Beliebigkeit, sondern von intellektueller Redlichkeit ist. Fakten sind keine endgültigen Wahrheiten, sondern belastbare Zwischenstände – und gerade weil sie sich ändern können, bleiben sie ernst zu nehmen. Wer Veränderbarkeit mit Beliebigkeit verwechselt, hat nicht die Unsicherheit der Wissenschaft entdeckt, sondern ihre Stärke übersehen.

6.9 Wissenschaft
„Früher war Wissenschaft objektiv."

Diese Aussage klingt wie eine nostalgische Rückschau auf eine vermeintlich klarere und verlässlichere Zeit der Forschung, auf eine Epoche, in der die Wissenschaft noch „sachlich", „neutral" und „unpolitisch" gewesen sei. Sie impliziert, dass die heutige wissenschaftliche Praxis ideologisch, interessengeleitet oder moralisch überformt sei und stellt damit den eigenen Anspruch auf Objektivität infrage. Doch gerade diese Gegenüberstellung ist trügerisch: Sie verabsolutiert ein Idealbild vergangener Wissenschaft und verkennt, wie sehr auch frühere Forschung kulturell, sozial und institutionell geprägt war.

„Früher war Wissenschaft objektiv" ist eine Killerphrase, weil sie eine imaginierte Vergangenheit gegen eine komplexe Gegenwart ausspielt, ohne anzuerkennen, dass Objektivität nie rein gegeben war, sondern immer als regulative Idee, als methodisches Ziel innerhalb konkreter Kontexte verstanden werden muss. Der Satz entwertet aktuelle wissenschaftliche Aussagen nicht durch inhaltliche Auseinandersetzung, sondern durch den Vorwurf des Verlusts eines angeblich „reineren" Zustands. Er immunisiert gegen Diskussion, weil er sich auf ein Bild stützt, das selbst keiner Überprüfung standhält.

Dabei war „Objektivität" auch früher stets umstritten. Welche Fragen gestellt wurden, wer forschen durfte und welche Themen als relevant galten, war (und ist) abhängig von gesellschaftlichen Normen, Interessen und Machtverhältnissen. Objektivität war nie Abwesenheit von Perspektive, sondern der Versuch, mit Methoden, Transparenz und Revisionsbereitschaft gegen Verzerrung zu arbeiten. Dass dieser Anspruch heute sichtbarer reflektiert wird, macht Wissenschaft nicht weniger objektiv, sondern bewusster, selbstkritischer und zugänglicher.

Ein Gespräch lässt sich öffnen, indem man Objektivität als methodisches Ideal ernst nimmt, ohne es zu mystifizieren.

„Objektivität war immer ein Ziel – kein Zustand. Auch die Wissenschaft früherer Zeiten war geprägt von Weltbildern, Interessen und Ausschlüssen. Heute reden wir offener über diese Einflüsse – nicht, weil Wissenschaft weniger objektiv ist, sondern weil sie bewusster damit umgeht."

Diese Antwort nimmt das Ideal der Objektivität ernst, rückt es aber in ein realistisches Licht. Sie macht deutlich, dass Wissenschaft nie frei von Kontext war und ihre

Glaubwürdigkeit nicht auf Reinheit, sondern auf offen gelegten Verfahren, überprüfbaren Ergebnissen und dem Willen zur Korrektur beruht. Objektivität entsteht nicht durch Abgrenzung, sondern durch Verantwortung.

6.10 Wissenschaft
„Das ist alles falsifizierbar.“

Diese Aussage wird oft verwendet, um wissenschaftliche Aussagen oder Theorien abzuwerten – entweder mit ironischem Unterton („Das ist ja alles falsifizierbar, also letztlich wertlos") oder als Vorwurf: Was sich falsifizieren lässt, könne eben auch falsch sein und sei somit nicht vertrauenswürdig. Die Phrase klingt nach kritischem Denken, doch in Wahrheit beruht sie auf einem Missverständnis des wissenschaftlichen Prinzips der Falsifizierbarkeit, das insbesondere durch Karl Popper bekannt wurde.

„Alles ist falsifizierbar" ist eine Killerphrase, weil sie das eigentliche Gütekriterium wissenschaftlicher Aussagen – ihre prinzipielle Widerlegbarkeit – als Argument gegen ihre Verlässlichkeit umdeutet. Sie verwechselt kritische Prüfungsfähigkeit mit Beliebigkeit und stellt wissenschaftliches Wissen auf eine Stufe mit bloßen Behauptungen. In Wirklichkeit ist Falsifizierbarkeit jedoch genau das, was eine Aussage wissenschaftlich macht – im Gegensatz zu Dogmen, Ideologien oder unbelegbaren Überzeugungen.

Besonders problematisch wird die Phrase, wenn sie genutzt wird, um das Vertrauen in die Wissenschaft zu untergraben. Denn sie lässt sich gegen jede Theorie verwenden, gerade weil diese überprüfbar ist. Die Ironie dabei ist, dass ausgerechnet die wissenschaftliche Bereitschaft zur Revision, zur Korrektur und zur Selbstkritik als Schwäche dargestellt wird, während inhaltlich starre Systeme unangetastet bleiben.

Ein Gespräch lässt sich öffnen, indem man die Falsifizierbarkeit als Stärke erläutert.

„Gerade weil etwas falsifizierbar ist, kann man es prüfen, infrage stellen und verbessern. Das ist der Unterschied zwischen Wissenschaft und bloßem Glauben. Eine Aussage ist nicht schwächer, weil sie überprüfbar ist – sie wird dadurch erst vertrauenswürdig."

Diese Antwort rückt die Bedeutung der Falsifizierbarkeit an ihren richtigen Platz: als Fundament kritischer Erkenntnis und nicht als Makel. Wissenschaft ist nicht deshalb glaubwürdig, weil sie unfehlbar ist, sondern weil sie Verfahren entwickelt hat, um mit Irrtümern produktiv umzugehen. Wer das als Schwäche versteht, verkennt die eigentliche Stärke, nämlich die Fähigkeit zur Veränderung im Licht besserer Gründe.

7.1 Bildung
"Nicht jeder muss studieren."

Dieser Satz wird häufig in Diskussionen über Bildung verwendet. Auf den ersten Blick klingt er wie eine realistische Feststellung: Offensichtlich hat nicht jeder den gleichen akademischen Ehrgeiz oder die gleichen Voraussetzungen, um an einer Universität zu studieren. Er wird oft als Argument dafür herangezogen, dass Bildung individuelle Begabungen und Interessen berücksichtigen muss. Doch hinter dieser scheinbaren Selbstverständlichkeit verbirgt sich ein Problem.

Die Aussage legt nahe, dass ein Studium optional ist und diejenigen, die nicht studieren, sogar besser dran sein könnten, weil sie sich anderen Lebenswegen widmen. Das klingt zunächst plausibel. In Wirklichkeit wird der Satz jedoch oft dazu verwendet, strukturelle Ungleichheiten zu rechtfertigen. Er lenkt die Aufmerksamkeit von systemischen Barrieren ab: von ungleichen Bildungschancen, finanziellen Hürden, mangelnder Förderung und Vorurteilen, die bestimmte Gruppen davon abhalten, ein Studium aufzunehmen. Indem die Verantwortung allein auf den Einzelnen abgewälzt wird – „Nicht jeder muss studieren" –, wird die Frage, warum manche Menschen überhaupt keine Chance auf akademischen Erfolg haben, unter den Teppich ge kehrt.

Anstatt über Chancengleichheit und den Zugang zu universitären Ressourcen zu sprechen, erweckt diese Aussage den Eindruck, es ginge nur um eine persönliche Entscheidung. Dabei ist Bildung niemals rein privat, sondern immer auch gesellschaftlich geprägt. Bildungspolitik sollte nicht nur darauf abzielen, dass alle Menschen studieren, sondern vielmehr die Bedingungen verbessern, unter denen studiert werden kann – und das auch für jene, die bislang benachteiligt waren.

Eine offene Diskussion könnte also wie folgt beginnen: „Natürlich ist es richtig, dass nicht jeder studieren muss – aber es lohnt sich zu fragen, warum gerade manchen Menschen der Zugang verwehrt bleibt. Bildung darf nicht auf individuelle Entscheidungsfreiheit reduziert werden, wenn strukturelle Faktoren dafür sorgen, dass Chancen ungleich verteilt sind."

Diese Herangehensweise lädt dazu ein, Bildung als gemeinschaftliche Aufgabe zu verstehen, bei der es nicht nur um den persönlichen Studienweg geht, sondern um die Schaffung fairer Voraussetzungen für alle.

7.2 Bildung
„Das steht so im Lehrbuch."

Dieser Satz wird häufig verwendet, um eine Aussage oder Behauptung abzusichern. Er wirkt sachlich und autoritativ und beendet oft jede weitere Nachfrage: Was im Lehrbuch steht, gilt als richtig – Punkt. Doch genau darin liegt das Problem dieser Phrase: Sie ersetzt Argumente durch einen Verweis auf Autorität. Wer so spricht, stellt nicht nur den Lehrstoff, sondern auch die Struktur des Unterrichts über den offenen Denkprozess.

„Das steht so im Lehrbuch" ist deshalb eine Killerphrase, weil sie jede kritische Auseinandersetzung abblockt. Sie lässt keinen Raum für Zweifel, Diskussion oder Perspektivwechsel. Anstatt zu hinterfragen, warum etwas so ist, wird nur noch darauf verwiesen, dass es so dasteht. Doch Lehrbücher sind keine neutralen Wahrheitsbehälter, sondern didaktische Konstruktionen, die Inhalte auswählen, vereinfachen und gewichten. Was in ihnen steht, wurde nicht vom Himmel diktiert, sondern von Autor:innen aus bestimmten fachlichen, zeitlichen und institutionellen Perspektiven geschrieben.

Besonders problematisch ist die Phrase im Schulunterricht, wenn sie als Ersatz für eigenes Denken genutzt wird – sowohl von Lehrkräften als auch von Schüler:innen. Sie signalisiert: Hier wird nicht mehr hinterfragt, sondern das gelernt, was vorgeschrieben ist. Das gefährdet eine zentrale Funktion von Bildung, nämlich die Fähigkeit, Wissen nicht nur zu übernehmen, sondern auch einzuordnen, zu durchdenken und zu hinterfragen.

Ein Gespräch lässt sich öffnen, indem man die Autorität der Quelle nicht negiert, sondern relativiert.

„Gut, dass es im Lehrbuch steht, aber was macht es dort so überzeugend? Können wir gemeinsam herausfinden, auf welchen Überlegungen oder Modellen diese Aussage beruht?"

Diese Antwort würdigt die Funktion von Lehrbüchern, ohne sie zur letzten Instanz zu machen. Sie verschiebt den Fokus vom Inhalt zur Reflexion über die Entstehung von Wissen und macht Bildung so zur Schule des Denkens statt zur bloßen Wissensvermittlung.

7.3 Bildung
„Das sind doch nur Orchideen-Studien."

Diese Aussage trifft häufig auf Studienfächer zu, die als „exotisch", „weltfern" oder „nutzlos" gelten, zum Beispiel Kunstgeschichte, Philosophie, Literaturwissenschaft, Altphilologie oder Kultur- und Religionswissenschaften. Der Begriff „Orchideen-Studien" klingt harmlos, beinahe blumig, doch in Wirklichkeit steckt eine klare Abwertung dahinter: Was selten ist, gilt nicht als besonders, sondern als überflüssig. Die Phrase zieht eine Linie zwischen „echten", „nützlichen" Studienfächern und solchen, die man sich angeblich nur „leisten" kann, wenn man keine ökonomischen Sorgen hat.

„Das sind doch nur Orchideen-Studien" ist eine Killerphrase, weil sie die Bildungslandschaft auf Verwertbarkeit reduziert. Sie ignoriert, dass viele dieser Fächer genau die Kompetenzen fördern, die in einer pluralistischen, komplexen Gesellschaft benötigt werden: historisches Denken, kulturelles Verständnis, ethische Reflexion, sprachliche Genauigkeit und methodische Offenheit. Außerdem blendet sie aus, dass neue Ideen, kritisches Denken und gesellschaftlicher Wandel oft aus den Rändern kommen – nicht aus dem ökonomischen Zentrum.

Gleichzeitig stabilisiert diese Phrase ein gesellschaftliches Hierarchiedenken: Technik und Wirtschaft oben, Geistes- und Kulturwissenschaften unten. Die Folge ist nicht nur die Geringschätzung bestimmter Disziplinen, sondern auch die Schwächung der intellektuellen Vielfalt an Hochschulen, die doch gerade davon leben, dass unterschiedlichste Zugänge zur Welt nebeneinander existieren und miteinander in den Dialog treten können.

Ein Gespräch lässt sich eröffnen, indem man die Kategorien „selten" und „nützlich" voneinander löst.

„Ja, diese Fächer sind nicht massenhaft belegt, aber vielleicht brauchen wir gerade deshalb Menschen, die sich mit weniger beachteten Fragen beschäftigen. Denn was selten ist, ist nicht automatisch unnütz, und manches erweist sich erst später als unersetzlich."

Diese Antwort verschiebt die Diskussion vom unmittelbaren Nutzen zum langfristigen Wert. Sie macht sichtbar, dass eine offene Gesellschaft nicht nur Ingenieur:innen und Manager:innen braucht, sondern auch Menschen, die ihr Gedächtnis bewahren, ihre Selbstdeutung hinterfragen und neue Perspektiven erschließen, auch wenn diese nicht in Tabellen messbar sind.

7.4 Bildung
„Das taugt nur für die Theorie, nicht für die Praxis."

Dieser Satz wird oft verwendet, um Bildungsinhalte oder Studienfächer abzuwerten, die keine unmittelbar sichtbare Anwendung im Berufsalltag bieten. Er trennt die Welt in zwei scheinbar klare Bereiche. Hier die „reale" Praxis, dort die abstrakte Theorie. Alles, was nicht direkt „funktioniert", wird als akademisches Glasperlenspiel abgetan – interessant vielleicht, aber letztlich lebensfern und unbrauchbar.

Genau darin liegt die rhetorische Kraft dieser Killerphrase: Sie beendet ein Gespräch nicht durch Argumente, sondern durch einen vermeintlichen Realitätsbezug. Was nicht sofort nutzbar ist, gilt als wertlos. Doch diese Unterscheidung ist trügerisch und verkennt, was Theorie eigentlich ist: nicht das Gegenteil von Praxis, sondern ihre Voraussetzung. Theorie ist ein Werkzeug, mit dem sich Praxis verstehen, bewerten und weiterentwickeln lässt. Ohne Theorie gibt es keine reflektierte Praxis, sondern nur Routine.

„Das taugt nur für die Theorie" ist auch deshalb problematisch, weil Bildung so auf kurzfristige Verwertbarkeit reduziert wird. Dabei ignoriert sie, dass viele Erkenntnisse – von sozialem Wandel bis zu technologischen Entwicklungen – aus theoretischer Vorarbeit entstehen, lange bevor sie in der Praxis ankommen. Und sie blendet aus, dass gerade theoretisches Denken die Fähigkeit fördert, komplexe Situationen zu analysieren, Alternativen zu entwickeln und verantwortungsvoll zu handeln.

Ein Gespräch lässt sich eröffnen, indem man Theorie als Praxisform ernst nimmt.

„Vielleicht sieht man den praktischen Nutzen nicht sofort, aber Theorie hilft oft, die Praxis überhaupt erst zu verstehen. Ohne Theorie wissen wir nicht, warum etwas funktioniert und können es auch nicht verbessern."

Diese Antwort verschiebt den Blick vom Nutzen zum Verstehen. Sie macht deutlich, dass Theorie nicht über der Praxis steht, sondern in ihr wirkt – oft unsichtbar, aber entscheidend. Denn ohne Theorie bleibt Praxis blind. Und ohne Praxis bleibt Theorie leer. Bildung braucht beides – im Denken wie im Handeln.

7.5 Bildung
„Heute darf man ja keine Noten mehr geben."

Dieser Satz ist weniger eine Feststellung als eine Klage über vermeintlich ausufernde Rücksichtnahme und eine Bildungskultur, in der Leistung angeblich nicht mehr zählt, in der man nichts mehr sagen, nichts mehr bewerten und niemandem mehr etwas zumuten darf. Die Aussage klingt nach Realitätssinn und Erfahrung, ist in Wirklichkeit aber eine rhetorische Übertreibung, die pädagogische Entwicklungen verzerrt darstellt.

„Heute darf man ja keine Noten mehr geben" ist eine Killerphrase, weil sie eine Debatte beendet, bevor diese beginnen kann. Sie tut so, als wäre schon alles gesagt, als wäre jede Kritik am Notensystem gleichbedeutend mit einem kompletten Verzicht auf Leistungsmessung. Dabei wird unterschlagen, dass es in aktuellen bildungspolitischen Diskussionen nicht um die Abschaffung von Bewertungen geht, sondern um ihre differenzierte Gestaltung, um gerechtere, verständlichere und lernförderlichere Formen der Rückmeldung.

Die Aussage verkehrt ein komplexes Gespräch über pädagogische Verantwortung, Chancengerechtigkeit und individuelle Förderung also in eine simple Kulturkritik: Früher war alles klar, heute ist alles weichgespült. Damit werden Reformen entwertet, die nicht auf die Abschaffung von Noten abzielen, sondern auf deren Kontextualisierung – etwa durch kompetenzorientiertes Feedback, Portfolio-Arbeit oder Lernstandsberichte. Der Vorwurf lautet: Alles wird relativiert. Tatsächlich wird jedoch differenziert.

Ein Gespräch lässt sich öffnen, indem man den Wunsch nach klarer Rückmeldung anerkennt und die Frage stellt, was mit Noten eigentlich gemeint ist.

„Natürlich ist Rückmeldung wichtig. Aber hilft eine Note wirklich weiter, oder wäre es manchmal hilfreicher zu erfahren, was genau schon gut läuft und woran man noch arbeiten kann? Vielleicht geht es nicht darum, ob man bewertet, sondern wie."

Diese Antwort macht deutlich, dass Bewertung nicht mit Reduktion gleichgesetzt werden muss. Sie lädt dazu ein, Noten nicht einfach abzuschaffen, sondern zu hinterfragen, ob sie allein ausreichen, um Lernen zu fördern. Denn Bildung ist nicht die Verwaltung von Zahlen, sondern die Entwicklung von Möglichkeiten.

7.6 Bildung
„Lehrer haben eh immer Ferien."

Diese Aussage gehört zu den populärsten und hartnäckigsten Killerphrasen im Bildungsdiskurs. Sie klingt beiläufig und fast spöttisch, wirkt aber als gezielte Abwertung eines Berufsstands. Mit wenigen Worten wird ein komplexer und verantwortungsvoller Beruf auf ein vermeintliches Privileg reduziert: viel Freizeit. Die Aussage suggeriert, dass Lehrerinnen und Lehrer überbezahlt, unterfordert und im Kern unproduktiv seien. Diese Haltung verzerrt nicht nur das Berufsbild, sondern blockiert auch das Gespräch über Schulentwicklung, Arbeitsbelastung und Bildungsqualität. „Lehrer haben eh immer Ferien" ist eine Killerphrase, weil sie nicht argumentiert, sondern polemisiert. Sie ersetzt Analyse durch Neid und Erfahrungswissen durch Klischee. Dabei werden grundlegende Tatsachen übersehen: Unterrichtsfreie Zeit ist nicht gleich Freizeit, Korrekturen, Vorbereitungen, Elterngespräche und Fortbildungen finden größtenteils außerhalb der Unterrichtszeit statt – und pädagogische Arbeit bedeutet eine dauerhafte emotionale, soziale und kognitive Anstrengung.

Besonders problematisch ist, dass diese Aussage zu einem gesellschaftlichen Dauergerücht geworden ist. Sie nährt ein Misstrauen gegenüber dem Bildungssystem und untergräbt den Respekt gegenüber einem Beruf, der zentrale Aufgaben in der Demokratie erfüllt – von der Wissensvermittlung über die Persönlichkeitsbildung bis hin zur sozialen Integration. Wer Lehrerinnen und Lehrer auf Ferien reduziert, entzieht ihnen die Anerkennung, die sie für gute Bildungsarbeit benötigen.

Ein Gespräch lässt sich eröffnen, indem man auf den Widerspruch zwischen Klischee und Realität hinweist.

„Klar, von außen wirken Schulferien wie viele freie Tage, aber was genau heißt ‚frei', wenn ein großer Teil der Arbeit dann erst richtig beginnt? Vielleicht lohnt es sich, genauer hinzuschauen, was Lehrerinnen und Lehrer in dieser Zeit eigentlich leisten."

Diese Antwort nimmt das Gefühl hinter der Phrase – etwa Ungerechtigkeit oder Unverständnis – ernst, ohne das Klischee zu bestätigen. Sie lenkt die Aufmerksamkeit vom Vorurteil zur konkreten Arbeitsrealität. Denn gute Bildung beginnt nicht mit Ferien, sondern mit Verständnis für die Bedingungen, unter denen sie möglich wird.

7.7 Bildung
„Nicht jeder muss aufs Gymnasium."

Auf den ersten Blick klingt diese Aussage vernünftig – fast wie ein Plädoyer für Vielfalt im Bildungssystem. Sie legt nahe, dass es unterschiedliche Begabungen, Interessen und Lebenswege gibt und nicht alle denselben Bildungsweg beschreiten müssen, um ihr Ziel zu erreichen. Tatsächlich wird der Satz jedoch häufig verwendet, um soziale Unterschiede zu rechtfertigen oder um Fragen nach Chancengleichheit zu beenden, bevor sie überhaupt gestellt werden. „Nicht jeder muss aufs Gymnasium" ist eine Killerphrase, weil sie die Debatte über Bildungsgerechtigkeit durch ein scheinbar ausgewogenes Argument ersetzt. Sie lenkt vom eigentlichen Problem ab, nämlich dass der Zugang zum Gymnasium in vielen Fällen weniger vom Können als von der Herkunft, den Unterstützungsstrukturen oder dem kulturellen Kapital abhängt. Wer so spricht, tut oft so, als seien Bildungswege allein Ausdruck individueller Eignung, und verschweigt dabei, wie stark sie durch soziale Voraussetzungen geprägt sind.

Außerdem suggeriert die Phrase eine Wahlfreiheit, die es so häufig nicht gibt. Viele Kinder „müssen" nicht aufs Gymnasium – sie dürfen gar nicht. Oder sie scheitern nicht am Stoff, sondern an Systemhürden wie mangelnder

Förderung, vorschneller Selektion oder Vorurteilen im Beratungsgespräch. Hinter dem Satz verbirgt sich oft das beruhigende Bild von Bildung als funktionierendem System – und die Ausblendung derer, für die es nicht funktioniert.

Ein Gespräch lässt sich eröffnen, indem man das Anliegen – Bildungsvielfalt – ernst nimmt, aber nach den Bedingungen fragt.

„Stimmt, es gibt viele gute Wege neben dem Gymnasium. Aber sollten nicht alle Kinder die gleiche faire Chance haben, den für sie passenden Weg zu wählen – unabhängig von ihrer Herkunft?"

Diese Antwort nimmt die Aussage nicht einfach auseinander, sondern weitet sie aus. Sie zeigt, dass es nicht um „Gymnasium ja oder nein" geht, sondern um Gerechtigkeit, Auswahlfreiheit und Vertrauen in die Entwicklung junger Menschen. Bildung ist kein Schubladensystem, sondern ein Möglichkeitsraum.

7.8 Universität
„Die sitzen doch alle im Elfenbeinturm."

Diese Redewendung wird oft verwendet, um Forschende oder Lehrende an Hochschulen als realitätsfern, abgehoben und selbstbezogen darzustellen. Der „Elfenbeinturm" steht dabei sinnbildlich für eine Welt, in der angeblich nur noch gedacht, aber nicht mehr gehandelt wird – eine Welt, die sich von den „wirklichen Problemen" der Gesellschaft entfernt hat. Der Satz wirkt wie ein spöttischer Vorwurf, enthält aber eine weitreichende rhetorische Abwertung: Akademisches Wissen zählt hier weniger, weil es angeblich nichts mit dem Leben „da draußen" zu tun hat.

„Die sitzen doch alle im Elfenbeinturm" ist eine Killerphrase, weil sie Wissenschaft pauschal entwertet, ohne sich mit ihren Inhalten oder Methoden auseinanderzusetzen. Sie ersetzt jede Diskussion über Forschung, Erkenntnisgewinn oder kritische Reflexion durch ein Klischee – und spricht der Universität die gesellschaftliche Relevanz grundsätzlich ab. Dabei wird verkannt, dass viele wissenschaftliche Entwicklungen, gesellschaftliche Debatten und technologische Innovationen ohne sogenannte Grundlagenforschung nie denkbar gewesen wären.

Hinzu kommt: Gerade in Zeiten wachsender Komplexität braucht eine offene Gesellschaft Orte, an denen gedacht, gezweifelt und experimentiert werden kann – jenseits von Verwertungsdruck oder sofortigem Nutzen. Der „Elfenbeinturm" war nie der Ort, an dem sich die Welt vergessen ließ – sondern einer, an dem versucht wurde, sie tiefer zu verstehen. Wissenschaft ist nicht immer unmittelbar anschlussfähig – aber gerade das macht sie langfristig bedeutsam.

Ein Gespräch lässt sich öffnen, indem das Missverständnis zwischen Rückzug und Reflexion thematisiert wird.

„Es stimmt: Wissenschaft wirkt manchmal abstrakt. Aber vielleicht braucht es gerade solche Räume, in denen man Abstand nehmen kann, um die Welt präziser zu beschreiben, bevor man in sie eingreift."

Diese Antwort nimmt die Skepsis ernst, verschiebt sie aber in Richtung einer konstruktiven Sicht auf Forschung: nicht als Rückzug aus der Gesellschaft, sondern als Voraussetzung, um sie zu verstehen und verantwortungsvoll mit ihr umzugehen. Denn wer denkt, bevor er handelt, sitzt nicht abseits, sondern mittendrin.

7.9 Universität
„Ohne Universitätsabschluss geht's auch."

Diese Aussage ist in bildungspolitischen, beruflichen oder gesellschaftlichen Debatten weit verbreitet. Sie klingt pragmatisch und fast emanzipatorisch: Um im Leben erfolgreich zu sein, brauche man nicht unbedingt ein Studium, schließlich gebe es Handwerksberufe, Ausbildungswege und unternehmerische Karrieren, die ohne akademischen Abschluss möglich sind. Und das ist grundsätzlich nicht falsch. Problematisch wird der Satz jedoch, wenn er nicht als Ausdruck von Bildungsvielfalt, sondern als Abwertung akademischer Bildung gemeint ist.

„Ohne Universitätsabschluss geht's auch" ist eine Killerphrase, wenn sie verwendet wird, um Diskussionen über Zugänglichkeit, Bildungsungleichheit oder akademische Relevanz zu beenden. Sie verkehrt die Tatsache, dass nicht jeder studieren muss, in den Vorwurf, Studieren sei an sich überbewertet oder unnötig. Oft verbirgt sich dahinter die Haltung, universitäre Bildung sei realitätsfern, elitär oder lebensfremd – und somit eine pauschale Abwertung dessen, was differenziert betrachtet werden müsste.

Gleichzeitig ignoriert die Aussage, dass ein Hochschulabschluss in vielen Bereichen nicht nur neue Perspektiven eröffnet, sondern auch strukturell über Einkommen, gesellschaftliche Teilhabe und kulturelles Kapital mitentscheidet. Wer „auch ohne Abschluss" erfolgreich ist, bildet die Ausnahme, nicht die Regel. Der Satz verschleiert also soziale Ungleichheiten und macht individuellen Erfolg zum Maßstab allgemeiner Bildungsfragen.

Ein Gespräch lässt sich öffnen, indem man das berechtigte Anliegen – Bildungswege sind vielfältig – anerkennt, den Satz aber umdreht:

„Stimmt, nicht alle brauchen einen Abschluss, aber sollten nicht alle die Möglichkeit dazu haben, wenn sie es wollen? Bildung darf kein Zufallsprodukt sein, sondern muss eine echte Wahlmöglichkeit sein."

Diese Antwort würdigt die Vielfalt von Bildungsbiografien, ohne akademische Bildung abzuwerten. Sie macht deutlich, dass es nicht darum geht, Studium oder Ausbildung gegeneinander auszuspielen, sondern dass jeder Mensch die Chance haben sollte, den zu seiner Begabung und Lebenssituation passenden Weg zu wählen. Denn Bildung beginnt dort, wo Möglichkeiten nicht von vornherein ausgeschlossen werden.

7.10 Universität
„Ein Studium ist heute auch nichts Besonderes mehr."

Diese Aussage mag nach nüchterner Beobachtung klingen, enthält jedoch eine doppelte Abwertung: Zum einen richtet sie sich gegen diejenigen, die studieren, zum anderen gegen die Institutionen, die das Studium ermöglichen. Damit wird zum Ausdruck gebracht, dass ein Studium heute nichts mehr wert sei, weil angeblich zu viele Menschen studieren, es inflationär geworden sei oder weil es keinen erkennbaren gesellschaftlichen Status mehr verleihe.

„Ein Studium ist heute auch nichts Besonderes mehr" ist eine Killerphrase, da sie eine ernsthafte Auseinandersetzung mit der Bedeutung akademischer Bildung durch ein pauschales Urteil ersetzt. Sie entwertet nicht nur den individuellen Bildungsweg, sondern auch die Idee, dass Bildung breiten Teilen der Bevölkerung offenstehen sollte. Was früher als Privileg galt, wird heute als Massenware dargestellt, als hätte Bildung nur dann einen Wert, wenn sie exklusiv ist.

Diese Haltung verkennt, dass der breitere Zugang zu Hochschulen ein gesellschaftlicher Fortschritt ist und kein Qualitätsverlust. Dass heute mehr Menschen studieren können, bedeutet nicht, dass das Studium an Bedeutung verloren hätte, sondern dass Chancengleichheit zumindest teilweise Realität geworden ist. Ein Studium ist nicht weniger bedeutsam, nur weil es vielen offensteht. Im Gegenteil – seine gesellschaftliche Funktion wird gerade dadurch größer.

Ein Gespräch lässt sich öffnen, indem man das Unbehagen ernst nimmt, aber die Perspektive erweitert.

„Stimmt, mehr Menschen studieren als früher. Aber ist das wirklich ein Nachteil? Vielleicht geht es heute weniger darum, ob ein Studium etwas Besonderes ist, sondern vielmehr darum, ob es allen offensteht, die sich bilden wollen." Durch diese Antwort wird die Aufmerksamkeit vom vermeintlichen Bedeutungsverlust zum tatsächlichen sozialen Gewinn verschoben. Denn Bildung verliert nicht an Wert, wenn sie geteilt wird – im Gegenteil, sie wird wertvoller, weil sie nicht mehr nur wenigen vorbehalten bleibt. Ein Studium ist heute vielleicht alltäglicher, aber deshalb noch lange nicht gewöhnlich.

8.1 Religion

„Glaubensfragen kann man nicht diskutieren."

Diese Aussage gehört zu den scheinbar höflichen Killerphrasen. Sie klingt nach Respekt und Zurückhaltung, wirkt aber tatsächlich wie ein Gesprächsstopp. Wer so spricht, zieht eine Grenze: Bis hierhin lässt sich reden, ab hier beginnt das Unverfügbare. Der Satz schützt den Glauben und die Person selbst – vor Anstrengung, Widerspruch und Ambivalenz. Er macht Religion zu etwas so Persönlichem, dass es keiner öffentlichen Sprache mehr bedarf.

„Glaubensfragen kann man nicht diskutieren" ist eine Killerphrase, weil sie nicht nur eine Grenze markiert, sondern auch die Möglichkeit des Dialogs von vornherein ausschließt. Dabei wird übersehen: Gerade weil Glaubensüberzeugungen existenziell sind, brauchen sie Sprache, Austausch und Deutung – auch und gerade im Streit. Glaube wird nicht kleiner, wenn man über ihn spricht. Aber er bleibt unverständlich, wenn man ihn nicht teilen darf – sei es im Widerspruch.

Zugleich birgt die Aussage einen Widerspruch in sich: Sie behauptet, dass etwas nicht diskutierbar ist, obwohl sie selbst Teil einer Diskussion sein könnte. Anstatt zu klären, wie man über Glaubensfragen sprechen kann – vorsichtig, respektvoll, offen, aber doch begründet und verständlich – , entzieht sie sich der Debatte durch ein absolutes Urteil.

Ein Gespräch lässt sich öffnen, indem man nicht auf der Diskussion besteht, sondern die Gesprächsform thematisiert.

„Vielleicht kann man über Glaubensfragen nicht im Sinne von ‚Recht haben' diskutieren, aber vielleicht lässt sich trotzdem darüber sprechen: Wie wir glauben, warum wir glauben, was Glaube mit unserem Blick auf die Welt macht."

Diese Antwort nimmt die Grenze ernst, verschiebt sie aber vom Ob zum Wie. Sie lädt dazu ein, den Glauben nicht als Tabu, sondern als Thema zu behandeln – nicht, um ihn aufzulösen, sondern um ihn verständlich zu machen. Denn Glaube braucht keine Abschottung, sondern Ausdruck. Und das Gespräch ist eine Form davon.

8.2 Religion
„Ohne Religionsfrieden kein Weltfrieden."

Diese Aussage klingt wie ein moralischer Leitsatz, ja fast wie ein unausweichliches Prinzip. Sie wird oft wohlmeinend verwendet, etwa in interreligiösen Dialogen, politischen Reden oder globalen Appellen. Doch gerade weil sie so eindrucksvoll klingt, entfaltet sie eine rhetorische Sperrwirkung. Denn wer diesen Satz sagt, behauptet nicht nur eine hohe Bedeutung von Religion, sondern erklärt sie auch gleichzeitig zur Hauptursache aller Konflikte. Damit verschiebt sich die Diskussion von politischen, wirtschaftlichen oder kulturellen Ursachen von Gewalt hin zu einer pauschalen Verstrickung der Religionen.

„Ohne Religionsfrieden kein Weltfrieden" ist eine Killerphrase, weil sie eine komplexe Weltlage auf einen einzigen Faktor reduziert und dabei suggeriert, dass Religion vor allem Unfrieden stiftet. Anstatt nach differenzierten Konfliktursachen zu fragen, wird ein globales Friedensproblem an den religiösen Glauben zurückgebunden. Damit wird nicht nur Religion als Risikofaktor markiert, sondern auch das Gespräch über ihre konstruktiven, vermittelnden oder friedensstiftenden Potenziale untergraben.

Zudem stellt der Satz eine unrealistische Voraussetzung auf. Als müsste erst „Religionsfrieden" herrschen – ein Zustand, der historisch kaum je erreicht wurde –, bevor Frieden möglich wäre. Dadurch wird Frieden zu einer utopischen Forderung und Religion zu einer ständigen Bedrohung. Ironischerweise wird damit das Gegenteil dessen erreicht, was die Phrase vorgibt. Anstatt Verständigung zu fördern, wird Religion zur globalen Schuldfrage stilisiert. Ein Gespräch lässt sich öffnen, indem man den Friedenswunsch aufnimmt, aber die vereinfachende Logik aufbricht.

„Frieden ist sicher auch eine Frage des religiösen Miteinanders – aber nicht nur. Vielleicht brauchen wir eher ein Verständnis dafür, wo Religion Konflikte verschärft, aber auch, wo sie helfen kann, Gräben zu überbrücken."

Diese Antwort anerkennt das Anliegen und differenziert die Verantwortung. Sie verschiebt das Bild von Religion als Problem hin zu Religion als mögliche Ressource und eröffnet damit Raum für eine ernsthafte Auseinandersetzung mit der Rolle des Glaubens im öffentlichen, politischen und menschlichen Zusammenleben. Denn Weltfrieden entsteht nicht durch Slogans, sondern durch Verständigung in vielen Sprachen – auch in der religiösen.

8.3 Religion
„Glaube ist was für Schwache."

Diese Aussage ist eine klassische Killerphrase, da sie nicht nur ein Thema, sondern auch Menschen abwertet – und das auf eine pauschale, scharfe und persönliche Weise. Sie stellt Gläubige unter Generalverdacht: Wer glaubt, so die implizite Logik, flieht vor der Realität, sucht Trost und hält das Leben nicht allein aus. Damit wird Religion nicht als Weltdeutung, Praxis oder Kulturform verstanden, sondern als psychologisches Defizit, als Ausdruck von Bedürftigkeit oder Abhängigkeit. Der Satz schließt das Gespräch, bevor es beginnen kann.

„Glaube ist was für Schwache" wirkt besonders verletzend, weil er Stärke und Schwäche gegeneinander ausspielt – und so ein Machtverhältnis herstellt. Hier die Vernünftigen, Selbstständigen, Starken. Dort die Gläubigen, die angeblich mit der Welt nicht zurechtkommen. Doch diese Unterscheidung ist trügerisch. Menschen glauben aus ganz unterschiedlichen Gründen: aus Erfahrung, aus Überzeugung, aus Tradition, aus Hoffnung, aus Reflexion – und nicht nur aus Not.

Außerdem übersieht die Aussage, dass der Glaube selbst oft eine Form der Stärke ist: die Kraft, Sinn zu suchen, Vertrauen zu wagen und Fragen offen zu halten. In vielen Religionen ist der Glaube keine Absicherung, sondern ein Wagnis, ein Leben mit Ungewissheit, Verantwortung und Selbstüberwindung. Wer glaubt, muss nicht weniger aushalten – oft sogar mehr.

Ein Gespräch lässt sich öffnen, indem man die Gegenüberstellung selbst infrage stellt.

„Vielleicht glauben Menschen nicht, weil sie schwach sind, sondern weil sie etwas wagen, das über sich hinausweist. Glaube kann auch heißen, nicht alles kontrollieren zu wollen und trotzdem zu handeln."

Diese Antwort verlässt die Kategorie von Stärke und Schwäche und rückt den Glauben in eine andere Perspektive – nicht als Mangel, sondern als Deutungshandlung. Sie lädt dazu ein, Religion nicht psychologisch klein zu rechnen, sondern existenziell ernst zu nehmen. Denn was jemand glaubt, sagt oft weniger über seine Schwächen aus als über seine Fragen.

8.4 Religion
„Sollen sie doch glauben, was sie wollen - aber bitte zu Hause"

Auf den ersten Blick klingt diese Aussage liberal und tolerant: Jeder darf glauben, was er will – solange er es im Privaten tut. Tatsächlich ist sie jedoch eine subtile Form der Ausgrenzung. Sie signalisiert: Religion ist zwar erlaubt, aber nur unter der Bedingung, dass sie nicht sichtbar, nicht hörbar und nicht gesellschaftlich relevant wird. Glauben ja, aber bitte unsichtbar.

„Sollen sie doch glauben, was sie wollen – aber bitte zu Hause" ist eine Killerphrase, da sie religiöse Überzeugungen aus dem öffentlichen Raum verdrängen will. Damit wird eine scharfe Grenze zwischen individueller Freiheit und gesellschaftlicher Teilhabe gezogen, als sei Religion keine soziale, politische oder kulturelle Praxis, sondern eine rein intime Angelegenheit. Der Satz spricht der Religion das Recht ab, sich zu äußern, zu diskutieren und damit auch zu wirken.

Besonders problematisch ist diese Haltung in pluralistischen Gesellschaften, in denen religiöse Vielfalt sichtbar wird – durch Kleidung, Rituale, Feiertage, Räume und Sprache. Wer Religion auf das Private beschränkt, setzt eine Norm voraus – meist die einer säkularen Mehrheit, die sich selbst nicht als weltanschaulich definiert. Der Satz ist also nicht neutral, sondern Ausdruck einer impliziten

Hierarchie: Glaube darf sein – aber nur, wenn er sich anpasst und verschwindet.

Der Dialog kann eröffnet werden, indem Freiheit als wechselseitiges Verhältnis beschrieben wird.

„Glaubensfreiheit bedeutet nicht nur, im Stillen glauben zu dürfen, sondern auch, Glauben zu zeigen und zu leben. In einer offenen Gesellschaft sollten alle Weltanschauungen Platz haben – nicht nur die, die uns vertraut sind."

Diese Antwort nimmt das Bedürfnis nach Rücksichtnahme ernst, betont aber, dass Rücksichtnahme nicht Unsichtbarkeit verlangen darf. Öffentliche Religion ist demnach kein Rückschritt, sondern ein Zeichen von Vielfalt – und Demokratie bedeutet, mit Religion zu leben.

8.5 Religion
„Religion ist Privatsache."

Auf den ersten Blick wirkt diese Aussage aufgeklärt, vernünftig und neutral. Sie klingt wie ein Schutzraumversprechen. Niemand darf dir vorschreiben, was du zu glauben hast, und du darfst deine Religion im Privaten leben, wie du willst. Tatsächlich enthält der Satz jedoch eine doppelte Sperre: Er schützt Religion nicht nur vor äußeren Eingriffen, sondern verbannt sie zugleich aus dem öffentlichen Raum. Was als Freiheit formuliert ist, wird so zur stillen Aufforderung zur Unsichtbarkeit.

„Religion ist Privatsache" ist eine Killerphrase, weil sie jede Auseinandersetzung mit Religion im gesellschaftlichen Kontext abblockt. Sie erklärt religiöse Überzeugungen, Zeichen und Praktiken zu etwas, das in der Öffentlichkeit besser nicht auftauchen sollte. Damit wird der öffentliche Ausdruck von Religion – etwa durch religiöse Kleidung,

Feiertage, Symbole oder Diskurse – nicht als legitimer Teil pluraler Gesellschaften betrachtet, sondern als Störung eines angeblich neutralen Raums.

Doch keine Gesellschaft ist weltanschaulich leer. Auch Säkularität ist eine Position und kein natürlicher Nullpunkt. Wer Religion zur Privatsache erklärt, privilegiert jene Weltanschauungsformen, die unauffällig oder mehrheitsfähig sind, und verdrängt andere, gerade weil sie sichtbar werden. Zudem ignoriert die Aussage, dass Religion für viele Menschen nicht nur ein individuelles Bekenntnis, sondern auch eine gelebte Praxis mit sozialen, kulturellen und politischen Bezügen ist.

Ein Gespräch lässt sich eröffnen, indem man das Freiheitsverständnis ernst nimmt, es aber erweitert.

„Ja, Religion muss frei gelebt werden können – aber genau das heißt auch: nicht nur zu Hause. Wenn wir den Glauben zur reinen Privatsache erklären, entziehen wir ihm die Möglichkeit, öffentlich wirksam, sichtbar und verstehbar zu sein."

Diese Antwort macht deutlich, dass Glaubensfreiheit nicht im Rückzug besteht, sondern im Recht, sich zu zeigen – und dabei auch auf Widerspruch, Austausch oder Missverständnisse zu stoßen. Religion ist persönlich – aber in einer offenen Gesellschaft ist auch das Persönliche öffentlich relevant. Und das Gespräch darüber darf nicht privatisiert werden.

8.6 Religion
„Wenn's hilft …"

Diese auf den ersten Blick harmlose Bemerkung ist in Gesprächen über Glauben, Spiritualität oder religiöse Praxis weit verbreitet. Sie klingt tolerant, gelassen und fast schon großzügig: Wer glaubt, soll eben glauben – solange es ihm hilft. Doch genau darin liegt eine Abwertung. Der Satz verschiebt Religion aus dem Raum der Überzeugung in den der bloßen Wirkung. Was zählt, ist nicht mehr der Inhalt des Glaubens, sondern sein Nutzen als subjektive Selbstberuhigung.

„Wenn's hilft …" ist eine Killerphrase, weil sie nicht widerspricht, sondern herablassend zustimmt. Der Glaube wird nicht bekämpft, sondern entleert. Er ist nicht mehr wahr oder falsch, sondern psychologisch erklärbar. Die Aussage entzieht der religiösen Position ihre argumentative Ernsthaftigkeit und stellt sie auf eine Stufe mit Placeboeffekten, Aberglauben oder persönlichen Ritualen: Erlaubt, aber nicht ernst zu nehmen.

Diese Form der rhetorischen Duldung kann für Gläubige entmutigender sein als offene Kritik, da sie das Gespräch unterläuft, statt es zu eröffnen. Der Satz signalisiert: „Du darfst glauben, aber nicht erwarten, dass ich das als denkbare Sicht auf die Welt betrachte." Damit wird Religion zur individuellen Bewältigungsstrategie und nicht zur gemeinsamen Deutungsmöglichkeit.

Ein Gespräch lässt sich hingegen öffnen, indem man den Impuls zur Anerkennung ernst nimmt, aber auf die verkürzte Logik hinweist.

„Vielleicht hilft der Glaube – aber für viele ist er nicht nur eine Hilfe, sondern ein Weltverständnis, eine Lebensform und eine Verantwortung. Betrachten wir Religion nur als Effekt, verlieren wir aus dem Blick, was Menschen eigentlich glauben – und warum."

Diese Antwort würdigt die Wirkung des Glaubens, ohne ihn darauf zu reduzieren. Sie lädt dazu ein, nicht nur darüber zu sprechen, was Religion tut, sondern auch darüber, was sie meint. Denn wer den Glauben nur als Mittel sieht, verfehlt, worauf er zielt: eine Wahrheit, die mehr sein will als eine nützliche Illusion.

8.7 Religion
„Atheisten haben keine Moral, weil sie nicht an Gott glauben."

Diese Aussage ist eine klassische Killerphrase mit starker Ausgrenzungswirkung. Sie behauptet nicht nur, dass Moral an Religion gebunden sei, sondern stellt auch die Behauptung auf, dass Menschen ohne Glauben grundsätzlich unfähig seien, zwischen Gut und Böse zu unterscheiden. Damit wird nicht argumentiert, sondern disqualifiziert und ein tiefgreifender Trennstrich zwischen Gläubigen und Nichtgläubigen gezogen.

„Atheisten haben keine Moral, weil sie nicht an Gott glauben" ist eine Killerphrase, weil der moralische Anspruch des Gegenübers gar nicht erst ernst genommen wird. Sie unterstellt, dass ethisches Verhalten nur möglich sei, wenn es sich auf ein göttliches Gebot stützt, und blendet damit vollständig aus, dass Menschen auch aus anderen Gründen moralisch handeln können: aus Empathie, aus sozialer Verantwortung, aus vernunftbasierter Reflexion oder aus gemeinsamen gesellschaftlichen Werten.

Die Aussage ignoriert zudem die lange philosophische Tradition säkularer Ethik – von Aristoteles über Kant bis zu modernen Positionen der Menschenrechte. Sie macht Religion zur einzigen Quelle des Guten und unterstellt allen anderen Perspektiven Beliebigkeit oder Eigennutz. Diese Position ist nicht nur ausgrenzend, sondern auch gefährlich: Wer anderen grundsätzlich Moral abspricht, nimmt ihnen die Anerkennung als gleichwertige Gesprächspartner.

Ein Gespräch lässt sich hingegen öffnen, indem man die Verbindung zwischen Religion und Moral nicht bestreitet, sondern erweitert.

„Viele Menschen finden ihre moralische Orientierung im Glauben, aber das bedeutet nicht, dass andere keine Werte haben. Vielleicht lohnt es sich, darüber zu sprechen, wie wir Verantwortung begründen und was wir gemeinsam schützen wollen."

Mit dieser Antwort wird religiös begründete Moral respektiert, aber auch der Raum für andere ethische Fundamente geöffnet. Sie verschiebt die Diskussion von der Frage nach der einen Quelle des Guten hin zu einem Austausch über moralisches Handeln im Plural. Denn Moral entsteht nicht allein durch Glauben, sondern durch die Anerkennung anderer als gleichwertige Wesen – mit oder ohne Gott.

8.8 Religion
„Man darf den Glauben anderer nicht kritisieren."

Auf den ersten Blick wirkt diese Aussage wie ein Aufruf zu Toleranz und Rücksichtnahme. Sie soll verletzende Angriffe auf religiöse Überzeugungen verhindern und scheint die Würde des anderen zu schützen. Doch genau darin liegt ihre rhetorische Sperrwirkung: Sie stuft Glauben als Tabu ein und beendet jede kritische Auseinandersetzung, bevor diese beginnen kann. Was als Schutz formuliert ist, wird zur Gesprächssperre.

„Man darf den Glauben anderer nicht kritisieren" ist eine Killerphrase, da sie mit dem Hinweis auf Empfindlichkeit die Möglichkeit des Dialogs blockiert. Kritik wird dabei nicht als Ausdruck von Respekt oder Interesse verstanden, sondern als Grenzverletzung. Glaube wird zur Privatsache erklärt, die nicht zur Diskussion steht – selbst dann nicht, wenn er gesellschaftliche, politische oder ethische Wirkungen hat. Die Folge ist, dass nicht nur Anfeindung, sondern auch verständnisorientierte Kritik unmöglich wird.

Diese Haltung ist besonders problematisch in pluralistischen Gesellschaften, in denen religiöse Überzeugungen öffentlich sichtbar und wirksam werden. Wenn man Glauben nicht kritisieren darf, kann man ihn auch nicht hinterfragen, vergleichen oder verstehen. Was bleibt, ist eine Koexistenz ohne Austausch – und damit ohne Lernprozess.

Ein Gespräch lässt sich öffnen, indem Kritik nicht als Angriff, sondern als Ausdruck von Ernsthaftigkeit verstanden wird.

„Es geht nicht darum, jemanden persönlich anzugreifen, aber Überzeugungen, die unser Zusammenleben mitprägen, sollten auch zur Sprache kommen dürfen. Kritik ist nicht das Gegenteil von Respekt, sondern eine Form davon."

Diese Antwort nimmt die Sorge um gegenseitige Achtung ernst, weitet aber das Verständnis von Toleranz: Respekt entsteht nicht durch Verschweigen, sondern durch eine begründete und faire Auseinandersetzung. Glauben verdient keine Abschirmung, sondern Ernstnahme. Und dazu gehört auch, dass man darüber streiten kann.

8.9 Religion

„Religion ist Opium fürs Volk."

Diese berühmte Aussage stammt ursprünglich von Karl Marx. Im ursprünglichen Kontext war sie Teil einer religionskritischen Analyse sozialer Verhältnisse und nicht bloß eine polemische Bemerkung. Marx meinte damit, dass Religion das Leid der Menschen lindert, ohne dessen Ursachen zu beseitigen – so wie ein Betäubungsmittel, das Schmerzen dämpft, aber nicht heilt. In vielen heutigen Diskussionen wird der Satz jedoch verkürzt und als Killerphrase eingesetzt, also nicht als Analyse, sondern als Abwertung.

„Religion ist Opium fürs Volk" wird zur Killerphrase, wenn sie verwendet wird, um das Thema Religion vollständig abzuschließen. Dabei wird religiöse Praxis auf Illusion, Vertröstung und Unterdrückung reduziert, ohne dass sich mit konkreten Glaubensinhalten, spirituellen Erfahrungen oder gesellschaftlich emanzipatorischen Formen von Religion auseinandergesetzt wird. Der Satz suggeriert, dass alles über Religion bereits gesagt wurde, und entzieht ihr damit jede Gegenwart und Vielstimmigkeit.

Problematisch ist auch, dass mit dem Bild des „Opiums" religiöse Menschen als willenlos, passiv oder manipulierbar dargestellt werden. Es entsteht der Eindruck: Wer glaubt, denkt nicht selbst – wer zweifelt, ist aufgeklärt. Damit wird nicht nur Religion als Ganzes diskreditiert, sondern auch das Gespräch über ihre vielfältigen Formen blockiert, etwa über Religion als Kritik, als soziale Praxis, als Quelle von Hoffnung, Protest oder Gemeinschaft.

Ein Gespräch lässt sich eröffnen, indem man den historischen Ursprung anerkennt, aber zu einer differenzierten Betrachtung einlädt.

„Marx hatte gute Gründe, Religion kritisch zu sehen – gerade im Hinblick auf soziale Ungleichheit. Aber vielleicht lohnt es sich heute zu fragen: Welche Formen von Religion betäuben und welche stärken Menschen, sich einzumischen?"

Diese Antwort nimmt den Satz ernst, aber nicht wörtlich. Sie verschiebt die Perspektive von einem pauschalen Urteil hin zu einer Unterscheidung. Denn Religion kann trösten, aber auch aufrütteln. Sie kann unterwerfen, aber auch befreien. Darüber sollte man reden dürfen – ohne Betäubung.

9.1 Ökologie
„Wir können das Klima nicht retten."

Diese Aussage wirkt auf den ersten Blick nüchtern und fast realistisch. Sie klingt nach Anerkennung globaler Zusammenhänge und der Begrenztheit menschlicher Macht. Doch gerade durch diese scheinbare Sachlichkeit wird sie zu einer Killerphrase. Denn sie beendet das Gespräch, bevor es überhaupt begonnen hat, und zwar mit einer Geste des Rückzugs: „Zu spät, zu groß, zu kompliziert." Der Satz entzieht sich der Verantwortung nicht durch Ablehnung, sondern durch Resignation.

„Wir können das Klima nicht retten" ist eine Killerphrase, weil sie kollektives Handeln als prinzipiell sinnlos erscheinen lässt. Er macht aus Komplexität Ohnmacht und erklärt Engagement zur Selbsttäuschung. Dabei ignoriert sie, dass es beim Klimaschutz nicht um ein „Alles oder Nichts" geht, sondern um Schadensbegrenzung, Gerechtigkeit und

Zukunftsspielräume. Selbst wenn „das Klima" als physikalisches System nicht zu retten wäre, geht es doch immer um Menschen, Lebensgrundlagen, Arten, Lebensräume und Chancen.

Zudem verschiebt die Aussage das Problem, da sie eine globale Aufgabe so absolut darstellt, dass jeder Versuch der Einflussnahme absurd erscheint. Damit dient sie oft als bequeme Ausrede – sei es für politische Untätigkeit, ein unökologisches Konsumverhalten oder institutionelle Blockaden. Der Satz klingt nach Einsicht, ist aber in Wirklichkeit eine Kapitulation mit moralischem Anstrich.

Ein Gespräch lässt sich eröffnen, indem man zwischen Größenordnung und Handlungsspielraum unterscheidet.

„Vielleicht können wir das Klima als Ganzes nicht retten, aber wir können sehr wohl beeinflussen, wie stark sich die Folgen auswirken. Es geht nicht um Rettung, sondern um Verantwortung und um Handlungsspielräume, die noch offen sind."

Diese Antwort vermeidet Katastrophenrhetorik und Überforderung und rückt die Frage wieder dorthin, wo sie hingehört: in den Bereich des Möglichen. Denn wer glaubt, nichts mehr tun zu können, tut am Ende genau das: nichts. Doch auch kleine Schritte verändern die Richtung. Und genau darum geht es.

9.2 Ökologie
„Die Natur regelt das schon."
Diese Aussage klingt beruhigend und fast schon tröstlich. Sie richtet sich gegen Panik, Aktionismus und Schuldgefühle und vermittelt das Bild einer souveränen, sich selbst stabilisierenden Natur. Doch gerade darin liegt ihre

gefährliche Wirkung: Der Satz entzieht uns jede Verantwortung. Wenn „die Natur" alles von selbst regelt, müssen wir nichts tun – weder persönlich noch politisch. Die Aussage verwandelt ein ökologisches Problem in eine metaphysische Hoffnung.

„Die Natur regelt das schon" ist eine Killerphrase, weil sie aktives Handeln durch eine passive Erwartungshaltung ersetzt. Sie verwechselt die Anpassungsfähigkeit ökologischer Systeme mit Unverwundbarkeit. Und sie blendet aus, dass genau der Mensch – durch sein Eingreifen, seine Technik und seine Wirtschaftsweise – jene natürlichen Kreisläufe stört, auf die er sich nun zu verlassen vorgibt. Der Satz ignoriert die Skalen: Ja, die Natur wird irgendwie weiter existieren, aber ob sie dabei noch Lebensräume für heutige Arten (inklusive des Menschen) bieten wird, steht auf einem anderen Blatt.

Zudem wird der Begriff „Natur" hier mystifiziert, als sei sie etwas Eigenständiges, Heilendes, Ordnendes. Dabei sind Naturprozesse oft brutal, unvorhersehbar und gegenüber menschlichen Bedürfnissen gleichgültig. Die Vorstellung, dass „es sich schon richten wird", ist nicht ökologisch, sondern bequem. Sie ersetzt Einsicht durch Entlastung.

Ein Gespräch lässt sich eröffnen, indem man den Gedanken der Selbstregulation ernst nimmt, ihn aber in den Kontext setzt.

„Stimmt, viele natürliche Systeme verfügen über enorme Regenerationskräfte. Aber genau diese Kräfte sind durch unser Verhalten aus dem Gleichgewicht geraten. Damit sich die Natur überhaupt ‚regeln' kann, braucht sie zuerst unsere Zurückhaltung."

Diese Antwort nutzt den Impuls zur Ehrfurcht vor der Natur und lenkt ihn in Richtung Verantwortung um. Denn die Natur ist nicht unser Reparaturbetrieb. Sie funktioniert nur, wenn wir sie nicht überfordern. Und das ist keine Beruhigung, sondern ein Auftrag.

9.3 Ökologie
„Ich lasse mir das Autofahren nicht verbieten."

Diese Aussage ist mehr als nur eine Meinungsäußerung – sie ist ein Abwehrreflex. Sie reagiert auf ökologische Debatten mit dem Gefühl persönlicher Bedrohung. Mit dem Satz wird das individuelle Freiheitsrecht gegen jede Form kollektiver Verantwortung gestellt: Wer so spricht, sieht sich nicht als Teil des Problems, sondern als Opfer von Bevormundung. Was wie Selbstbestimmung klingt, ist rhetorisch gesehen eine Gesprächssperre.

„Ich lasse mir das Autofahren nicht verbieten" ist eine Killerphrase, weil über Ursachen, Alternativen oder Verantwortung nicht gesprochen werden soll, sondern über Freiheit. Damit wird das Thema vom Klima zum Ich verschoben – vom globalen Zusammenhang zum individuellen Lebensstil. Dabei wird suggeriert, dass Klimaschutz immer nur mit Verboten arbeite, nie mit Innovation, Gestaltung oder Anreizen. Der Satz ignoriert außerdem, dass Freiheit im gesellschaftlichen Zusammenhang immer auch Rücksicht bedeutet – auf andere, auf kommende Generationen, auf gemeinsame Lebensgrundlagen.

Besonders wirksam ist die Phrase, weil sie Emotionalität mit Prinzipientreue verbindet. Wer gegen Einschränkungen ist, erscheint standhaft. Wer für Veränderung ist, wirkt bevormundend. Doch gerade das verhindert der Satz: das

Nachdenken über zumutbare Grenzen, gerechte Regeln und gemeinsame Lösungen – das, was ein freies Gemeinwesen ausmacht.

Ein Gespräch lässt sich eröffnen, indem die Sorge um Autonomie anerkannt wird – und der Freiheitsbegriff erweitert wird.

„Verstehe ich – niemand will sich vorschreiben lassen, wie er lebt. Aber vielleicht geht es nicht darum, alles zu verbieten, sondern gemeinsam Wege zu finden, wie wir unsere Freiheit behalten können, ohne dass andere oder künftige Generationen den Preis dafür zahlen müssen."

Diese Antwort macht deutlich, dass Klimapolitik keine Verbotsagenda ist, sondern ein Aushandlungsprozess. Es geht nicht um Verzicht um des Verzichts willen, sondern um Verantwortung in Freiheit. Denn wer nur auf sein Recht pocht, verliert am Ende genau das: die Möglichkeit, langfristig frei zu leben.

9.4 Ökologie
„Früher hat niemand Müll getrennt."

Dieser Satz klingt nach Lebenserfahrung und pragmatischem Rückblick. Damals, so die Botschaft, kam man auch ohne ökologische Detailregelungen aus – und die Welt ist trotzdem nicht untergegangen. Doch genau darin liegt die rhetorische Blockade. Die Aussage dient nicht der historischen Einordnung, sondern der Relativierung gegenwärtiger Umweltmaßnahmen. Sie stellt nicht infrage, wie sinnvoll Mülltrennung ist, sondern ob sie überhaupt nötig ist.

„Früher hat niemand Müll getrennt" ist eine Killerphrase, da sie die heutige ökologische Verantwortung durch einen Vergleich mit der Vergangenheit entwertet. Sie tut so, als sei „früher" ein Maßstab für Gegenwart und Zukunft, obwohl sich das Konsumverhalten, die Abfallmengen, die verwendeten Materialien und das Umweltbewusstsein massiv verändert haben. Der Satz ignoriert, dass viele Umweltprobleme erst sichtbar wurden, als man begann, genauer hinzusehen, und dass vergangene Ignoranz kein Argument für heutige Untätigkeit ist.

Zudem steckt in der Phrase eine gewisse Trotzreaktion, nämlich die Ablehnung von Regelungen, die als unnötig oder übertrieben empfunden werden. Die Vorstellung lautet: Früher war es einfacher, also muss das heute Komplizierte falsch sein. Doch „einfacher" hieß nicht automatisch besser, sondern oft nur unreflektierter.

Ein Gespräch lässt sich öffnen, indem man den Zeithorizont aufgreift, die Richtung aber korrigiert:

„Stimmt, früher hat man vieles nicht gemacht, was wir heute tun. Aber vielleicht ist genau das ein Zeichen von Fortschritt: dass wir gelernt haben, genauer hinzusehen und Verantwortung zu übernehmen, auch für das, was früher selbstverständlich erschien."

Diese Antwort würdigt Lebenserfahrung, stellt sie aber nicht über Erkenntnisgewinn. Sie macht klar: Die Vergangenheit erklärt unsere Gewohnheiten, rechtfertigt sie aber nicht. Denn ökologische Verantwortung beginnt oft da, wo man bereit ist, das Frühere zu überdenken.

9.5 Ökologie
„Die Klimaforschung ist sich auch nicht einig."

Diese Aussage ist in Debatten über Klimawandel, Energiewende oder Umweltpolitik weit verbreitet. Sie klingt nach gesunder Skepsis: Wenn sich sogar die Fachleute widersprechen, wie soll dann die Öffentlichkeit kluge Entscheidungen treffen? Doch genau darin liegt die Tücke dieser Phrase: Sie verwandelt wissenschaftlichen Diskurs in Verunsicherung und Verunsicherung in Passivität.

„Die Klimaforschung ist sich auch nicht einig" ist eine Killerphrase, weil sie Meinungsunterschiede mit Beliebigkeit gleichsetzt. Sie nutzt die Tatsache, dass Wissenschaft stets mit offenen Fragen, neuen Daten und Debatten arbeitet, um ihre Ergebnisse grundsätzlich infrage zu stellen. Was eigentlich Ausdruck kritischer Qualität ist – nämlich dass Hypothesen geprüft und Modelle verbessert werden –, wird hier als Beleg für Unzuverlässigkeit umgedeutet.

Besonders problematisch ist, dass der Satz eine falsche Gleichverteilung suggeriert, als gäbe es auf der einen Seite ebenso viele Forschende, die an die menschengemachte Erderwärmung glauben, wie auf der anderen, die daran zweifeln. Tatsächlich besteht unter Klimawissenschaftler:innen ein sehr breiter Konsens über die Ursachen und Risiken des Klimawandels. Uneinigkeit besteht vor allem über Dynamik, Detailfragen und geeignete Maßnahmen, nicht jedoch über die Grundannahmen.

Ein Gespräch lässt sich öffnen, indem man zwischen Debatte und Desorientierung unterscheidet.

„Wissenschaft lebt vom Widerspruch, aber gerade in der Klimaforschung gibt es einen starken Konsens über das Wesentliche. Vielleicht sollten wir nicht auf völlige Einigkeit warten, sondern fragen: Was wissen wir jetzt schon sicher genug, um verantwortlich zu handeln?"

Diese Antwort nimmt die Unsicherheit ernst, sieht sie aber nicht als Ausrede. Sie macht deutlich, dass wir in komplexen Fragen oft mit Wahrscheinlichkeiten arbeiten und dass

Verantwortungsbewusstsein nicht voraussetzt, dass alles geklärt ist, sondern dass wir rechtzeitig reagieren. Denn wer auf perfekte Einigkeit wartet, dem stellen sich am Ende vollendete Tatsachen entgegen.

9.6 Ökologie
„Man kann nicht alles verbieten."

Diese Aussage klingt vernünftig und wirkt wie ein Warnruf gegen Überregulierung. Oft wird sie geäußert, wenn umweltpolitische Maßnahmen wie Tempolimits, CO_2-Steuern, Fleischverzicht oder Einschränkungen für den Flugverkehr diskutiert werden. Der Satz vermittelt das Bild einer drohenden Ökodiktatur und stellt individuelle Freiheit gegen kollektive Verantwortung. Doch genau in dieser vermeintlichen Ausgewogenheit liegt die rhetorische Blockade.

„Man kann nicht alles verbieten" ist eine Killerphrase, da sie den Eindruck erweckt, Klimaschutz funktioniere vor allem über Zwang und jeder Versuch, klimaschädliches Verhalten zu regulieren, sei gleich ein Schritt in Richtung Totalverbot. Dabei übersieht man, dass es bei ökologischen Regeln nicht um moralische Bevormundung geht, sondern um das Setzen gesellschaftlicher Leitplanken. Kein Gesetz verbietet „alles", aber viele Gesetze verhindern Schaden – zum Beispiel durch Geschwindigkeitsbegrenzungen, Abgasnormen oder Recyclingpflichten.

Zudem unterstellt die Aussage, dass Verbote per se ungerecht oder ineffektiv seien. Dabei wurden viele Fortschritte – vom Nichtraucherschutz über den Katalysator bis zum Verbot von FCKW – erst durch gezielte Eingriffe ermöglicht. Nicht alles lässt sich über Freiwilligkeit regeln. Und nicht alles, was verboten wird, schränkt Freiheit ein – manches ermöglicht sie erst für andere.

Ein Gespräch lässt sich öffnen, indem man das Spannungsverhältnis benennt und neu gewichtet.

„Stimmt, es geht nicht darum, alles zu verbieten. Aber manchmal braucht es Regeln, damit wir überhaupt Spielraum behalten: für saubere Luft, gesunde Böden, ein stabiles Klima. Nicht das Verbot ist das Problem, sondern seine Begründung."

Diese Antwort verschiebt den Fokus von der Schlagwort- zur Sachebene. Sie macht klar: Klimapolitik braucht keine pauschale Einschränkung, sondern gezielte Verantwortung. Denn nicht alles kann, aber manches muss geregelt werden, wenn wir nicht riskieren wollen, am Ende alles zu verlieren.

9.7 Ökologie
„Klimawandel gab es schon immer."

Diese Aussage klingt historisch informiert und sachlich korrekt – und genau das macht sie als rhetorische Abwehr so wirksam. Ja, das Klima der Erde hat sich im Laufe der Erdgeschichte tatsächlich vielfach verändert. Doch dieser Satz ist selten rein informativ gemeint. In der Regel dient er dazu, die Dringlichkeit oder die menschengemachten Ursachen des heutigen Klimawandels zu relativieren. Er legt nahe, dass das, was heute geschieht, nichts Neues ist – und damit auch kein Grund zur Beunruhigung oder zum Handeln.

„Klimawandel gab es schon immer" ist eine Killerphrase, weil sie das Gespräch über Ursachen, Dynamik und Verantwortung beendet, bevor es begonnen hat. Sie verschiebt die Perspektive von der aktuellen Problemlage in eine scheinbar natürliche Geschichtslinie und stuft das globale Risiko so als Naturphänomen ein. So wird aus einem politisch und gesellschaftlich lösbaren Problem ein geologisches Faktum, für das niemand verantwortlich ist.

Zudem verkennt die Aussage zentrale Unterschiede: Frühere Klimaveränderungen vollzogen sich über Jahrtausende, während der heutige Wandel in Jahrzehnten geschieht. Frühere Klimawechsel wurden nicht durch menschliche Aktivität verursacht, während der Einfluss des Menschen heute klar belegt ist. Und: Frühere Veränderungen führten oft zu Massenaussterben, Migration und drastischen Umbrüchen. Wer dies als Normalität verklärt, ignoriert die Verletzlichkeit moderner Gesellschaften.

Ein Gespräch lässt sich öffnen, indem man den historischen Befund ernst nimmt, aber differenziert.

„Stimmt, das Klima war nie stabil. Aber genau deshalb wissen wir auch, wie tiefgreifend und bedrohlich solche Veränderungen sein können. Und diesmal ist es nicht nur schneller, sondern wir sind es selbst, die es beschleunigen." Diese Antwort nimmt die Beobachtung auf, aber korrigiert den Schluss. Sie lenkt den Blick vom bloßen Faktum zur Verantwortung. Denn dass es Klimawandel *gab*, ist kein Freibrief, ihn jetzt zu ignorieren. Im Gegenteil: Es ist eine Warnung – und ein Auftrag, aus Geschichte keine Ausrede zu machen.

9.8 Ökologie
„Die Chinesen machen doch eh, was sie wollen."
Diese Aussage taucht regelmäßig in Klimadebatten auf, oft als scheinbar nüchterner Einwand gegen nationale oder

europäische Klimapolitik. Dabei funktioniert sie wie ein rhetorischer Kurzschluss: Warum sollen wir unseren Lebensstil ändern, Gesetze verschärfen oder auf Wohlstand verzichten, wenn ein anderer Akteur global viel mehr emittiert und angeblich unbelehrbar ist? Der Satz dient jedoch nicht der Analyse, sondern der Selbstentlastung.

„Die Chinesen machen doch eh, was sie wollen" ist eine Killerphrase, weil sie Verantwortung externalisiert und dabei auf Vereinfachung setzt. Sie ignoriert, wie stark die Weltwirtschaft verflochten ist und dass viele Emissionen Chinas für den Export in westliche Länder entstehen. Zudem unterschlägt er, dass China längst Teil internationaler Klimaschutzabkommen ist, massiv in erneuerbare Energien investiert und sowohl auf nationaler als auch kommunaler Ebene klimapolitische Maßnahmen ergreift. Der Satz lebt von einem Feindbild, nicht von Fakten.

Zudem verkennt die Aussage das Prinzip kollektiver Verantwortung. Der Klimawandel ist ein globales Problem, das jeder nur mit den Mitteln lösen kann, die ihm zur Verfügung stehen. Wer mit dem Finger auf andere zeigt, ersetzt Kooperation durch Rückzug. Das Ergebnis: Alle warten auf alle – und nichts passiert.

Ein Gespräch lässt sich öffnen, indem man die Sorge um Fairness aufgreift, aber den Schluss neu setzt.

„Klar ist es wichtig, dass große Emittenten wie China mitziehen. Aber unser Beitrag zählt trotzdem – erst recht, wenn wir zeigen, wie ein klimagerechter Wandel machbar ist. Vorangehen heißt nicht naiv zu sein, sondern glaubwürdig."

Diese Antwort würdigt das Gefühl globaler Unwucht, verschiebt die Perspektive jedoch von Schuldverlagerung hin zu Handlungsspielraum. Denn wer Verantwortung nur dann übernimmt, wenn alle anderen es auch tun, trägt letztlich gar keine. Und das Klima kennt keine Nationalgrenzen, aber es reagiert auf jede Entscheidung.

9.9 Ökologie
„Das ist doch alles nur Panikmache."

Diese Aussage wird oft verwendet, um Diskussionen über Klimawandel, Umweltschutz oder gesellschaftliche Transformationen pauschal abzuwerten. Sie klingt nach Ruhe, Besonnenheit und Kritik am Alarmismus, tatsächlich verhindert sie jedoch, dass über wissenschaftliche Erkenntnisse und politische Maßnahmen gesprochen wird. Der Begriff „Panikmache" suggeriert Übertreibung, Hysterie und Manipulation und entzieht dem Thema damit jede sachliche Grundlage.

„Das ist doch alles nur Panikmache" ist eine Killerphrase, weil sie nicht mit Argumenten widerspricht, sondern mit einem Gefühl: dem Unbehagen gegenüber Veränderung, Unsicherheit oder unbequemen Wahrheiten. Dadurch wird der Fokus von der Sachebene zur Tonlage verschoben – als sei das Problem nicht der Klimawandel, sondern die Art, wie darüber gesprochen wird. Wissenschaftliche Modelle, Warnungen oder Szenarien werden nicht geprüft, sondern als Dramatisierung abgetan.

Gleichzeitig erzeugt die Phrase eine bestimmte Grundhaltung: Wer vor Klimafolgen warnt, wird zum Stimmungsmacher. Wer Handeln fordert, wird als radikal dargestellt. So wird die Debatte verzerrt – nicht inhaltlich, sondern emotional. Die Folge ist Lähmung: Wenn alles Panik ist, muss man nichts ernst nehmen.

Ein Gespräch lässt sich öffnen, indem man das Bedürfnis nach Nüchternheit ernst nimmt und die Faktenlage neu rahmt.

„Es geht nicht um Panik, sondern um Dringlichkeit. Die Wissenschaft benennt Risiken nicht, um Angst zu machen, sondern um rechtzeitig handeln zu können. Und genau das ist vernünftig, nicht hysterisch."

Diese Antwort greift die emotionale Sorge auf, trennt aber zwischen Alarmismus und begründetem Alarm. Sie macht deutlich: Panik lähmt, aber Verdrängung ebenso. Die Herausforderung besteht darin, besonnen zu bleiben, gerade weil es ernst ist. Und das gelingt nur, wenn man hinhört und nicht wegschaut.

9.10 Ökologie
„In den 70ern haben sie vor einer Eiszeit gewarnt."

Diese Aussage wird oft genutzt, um aktuelle Warnungen vor dem Klimawandel zu diskreditieren. Sie beruft sich auf einen vermeintlichen historischen Irrtum: In den 1970er-Jahren hätten Wissenschaftler demnach eine neue Eiszeit prognostiziert, was sich später als falsch herausgestellt habe. Der Satz soll suggerieren: Auch heute könnte alles übertrieben sein. Warum also auf Wissenschaft hören, wenn sie sich sowieso ständig irrt?

„In den 70ern haben sie vor einer Eiszeit gewarnt" ist eine Killerphrase, weil sie einen einzelnen, überzeichneten Befund nutzt, um das Vertrauen in die gesamte Klimaforschung zu untergraben. Dabei verzerrt sie die Geschichte: Zwar gab es in den 1970er-Jahren einzelne Studien, die eine Abkühlung für möglich hielten, etwa durch Luftverschmutzung. Der überwiegende Teil der Forschung wies jedoch bereits damals auf Erwärmungstendenzen hin. Es war vor allem die mediale Darstellung, nicht die Wissenschaft selbst, die die „Eiszeit"-Erzählung populär machte.

Zudem verkennt der Satz den Unterschied zwischen wissenschaftlicher Entwicklung und Beliebigkeit. Dass sich Wissenschaft fortschreibt, Irrtümer korrigiert und Modelle verfeinert, ist kein Zeichen ihrer Schwäche, sondern ihrer Stärke. Wissenschaft irrt sich nach vorne – sie lernt. Wer das pauschal gegen sie wendet, verwechselt Revision mit Unglaubwürdigkeit.

Ein Gespräch lässt sich öffnen, indem man auf diese Entwicklung verweist und sie als Beleg für die Fähigkeit zu Erkenntnis deutet.

„Ja, die Wissenschaft ist nie absolut sicher, aber genau deshalb überprüft sie sich ständig. Heute gibt es einen überwältigenden Konsens: Die Erde erwärmt sich und wir tragen dazu bei. Das ist keine Meinung, sondern der aktuelle Stand des Wissens."

Diese Antwort nimmt Skepsis ernst, ordnet sie aber auch ein. Sie macht klar: Die Wissenschaft ist kein starres Dogma, aber auch kein beliebiges Ratespiel. Was in den 1970er Jahren noch spekulativ war, ist heute durch Daten, Messungen und Modelle abgesichert. Wer daraus lernen will, sollte nicht zurückschauen, um zu zweifeln, sondern nach vorne, um zu handeln.

10.1 Gender
„Das wird man ja wohl noch sagen dürfen."
Diese Phrase tritt meist nicht isoliert auf, sondern folgt auf eine provokante, pauschalisierende oder diskriminierende Aussage, beispielsweise zu geschlechtlicher Identität,

geschlechtergerechter Sprache oder gesellschaftlichen Rollenbildern. Anstatt sich mit der Kritik an der ursprünglichen Aussage auseinanderzusetzen, wird die Diskussion auf ein anderes Niveau verschoben. Plötzlich geht es nicht mehr darum, was gesagt wurde, sondern darum, dass man es gesagt hat – und dass dies angeblich nicht mehr erlaubt sei.

„Das wird man ja wohl noch sagen dürfen" ist eine Killerphrase, da sie jede inhaltliche Auseinandersetzung unterbindet. Sie immunisiert die eigene Position gegen Widerspruch, indem sie jede Reaktion als Angriff auf die Redefreiheit darstellt. Dabei wird ein Missverständnis kultiviert. Meinungsfreiheit bedeutet das Recht, eine Meinung auszudrücken, nicht das Recht, von Widerspruch oder Konsequenzen verschont zu bleiben.

Gerade in Genderdebatten dient die Phrase oft dazu, sprachliche Sensibilisierung, Veränderungen gesellschaftlicher Normen oder das Sichtbarmachen marginalisierter Gruppen abzuwehren. Sie stellt Gleichstellungsanliegen als Einschränkungen dar und erklärt Kritik an verletzenden Äußerungen zur Unfreiheit.

Ein Gespräch lässt sich öffnen, indem man diese Verlagerung thematisiert und zur Sache zurückführt.

„Ja, man darf vieles sagen. Aber andere dürfen auch etwas dazu sagen. Meinungsfreiheit bedeutet nicht, dass jede Aussage unwidersprochen bleibt, sondern dass wir offen über ihre Wirkung sprechen können."

Diese Antwort erkennt das Recht auf freie Rede an, betont aber auch, dass Freiheit kein Freibrief für Folgenlosigkeit ist. Wer ernsthaft gehört werden will, muss bereit sein,

Widerspruch auszuhalten und sich dem Gespräch zu stellen. Gerade das macht demokratische Debatten aus.

10.2 Gender
„Ich kenne Frauen, die das anders sehen."

Auf den ersten Blick erscheint diese Phrase harmlos oder sogar pluralitätsbejahend. Tatsächlich wird sie häufig eingesetzt, um Kritik an sexistischen Strukturen oder patriarchalen Normen durch den Verweis auf abweichende Einzelmeinungen zu entkräften. Ihr rhetorischer Effekt liegt in der Umkehr der Beweislast: Wer auf gesellschaftliche Ungleichheit hinweist, soll nun nachweisen, dass alle Frauen die kritisierte Sicht teilen – was weder möglich noch sinnvoll ist.

„Ich kenne Frauen, die das anders sehen" ist eine Killerphrase, weil sie den argumentativen Raum verlässt und sich auf individuelle Erfahrungsberichte stützt, um strukturelle Analysen zu delegitimieren. Damit wird ein Perspektivwechsel verhindert. Weg von der Frage nach gesellschaftlichen Machtverhältnissen – hin zu einem vermeintlich neutralen, aber in Wirklichkeit selektiven Verweis auf persönliche Bekanntschaften. Das individuelle Gegenbeispiel ersetzt die systemische Auseinandersetzung.

Gerade in Genderdebatten wird so der Eindruck erweckt, dass es keine berechtigte Kritik an bestehenden Verhältnissen geben könne, solange sich einzelne Frauen nicht daran stören. Diese Form des rhetorischen Rückzugs verschleiert jedoch die Tatsache, dass persönliche Zustimmung zu bestehenden Verhältnissen nicht deren Gerechtigkeit beweist. Auch Unterdrückung kann subjektiv als normal, gerecht oder alternativlos wahrgenommen werden, gerade weil sie gesellschaftlich tief verankert ist.

Ein Gespräch lässt sich öffnen, indem man die Kategorie des Einzelfalls kritisch einordnet und zur Sache zurückführt.

„Natürlich sehen das nicht alle Frauen gleich, genauso wenig wie alle Männer. Wenn wir jedoch über strukturelle Ungleichheiten sprechen, hilft es wenig, auf einzelne Ausnahmen zu verweisen. Entscheidend ist, ob bestimmte Muster erkennbar sind und wie wir gesellschaftlich damit umgehen."

Mit dieser Antwort werden unterschiedliche Sichtweisen gewürdigt, ohne dass die eigentliche Fragestellung aus den Augen verloren wird. Sie betont, dass strukturelle Kritik mehr benötigt als Anekdoten, nämlich die Bereitschaft, über Muster, Mechanismen und Macht zu sprechen.

10.3 Gender
„Das ist doch alles übertrieben."

Diese Phrase ist eine der klassischen rhetorischen Abwehrreaktionen, wenn gesellschaftliche Veränderungen, etwa im Bereich der geschlechtlichen Gleichstellung oder sprachlicher Sensibilität, thematisiert werden. Sie dient nicht der Auseinandersetzung mit Inhalten, sondern ihrer pauschalen Abwertung. Die Formulierung enthält keine Argumente, sondern lediglich ein Urteil. Dieses Urteil erscheint subjektiv, signalisiert jedoch Objektivität und Vernunft: Wer von Übertreibung spricht, stellt sich selbst als maßvoll, realistisch oder gemäßigt dar und stellt die Gegenseite als überzogen, hysterisch oder ideologisch dar.

„Das ist doch alles übertrieben" ist eine Killerphrase, weil sie eine diskursive Schließung betreibt: Das Anliegen wird für unangemessen erklärt, noch bevor es überhaupt inhaltlich geprüft wurde. Der implizite Vorwurf lautet: Hier wird ein Problem gemacht, wo keines ist. Dadurch wird Kritik pathologisiert, nämlich als Überreaktion oder überzogene Empfindlichkeit. Besonders häufig findet sich diese Abwehr in Reaktionen auf Gender-Mainstreaming, gendersensible Sprache oder Forderungen nach struktureller Gleichstellung.

Die Phrase stabilisiert bestehende Machtverhältnisse, indem sie Probleme entproblematisiert. Sie verhindert, dass neue Perspektiven als diskussionswürdig erscheinen. Damit stellt sie nicht nur Inhalte, sondern auch die Legitimität der Sprechenden infrage, etwa von marginalisierten Gruppen oder sozialen Bewegungen.

Ein Gespräch lässt sich öffnen, indem man das subjektive Maß der „Übertreibung" hinterfragt und zur Sache zurückführt.

„Was genau ist denn übertrieben – und im Verhältnis wozu?" Dass wir über Sprache, Rollenbilder oder Machtverhältnisse sprechen, ist kein Alarmismus. Es ist der Versuch, auf Missstände hinzuweisen, die oft lange unsichtbar blieben."

Mit dieser Antwort wird eine Eskalation vermieden, aber eine Begründung für das Urteil der Übertreibung gefordert. Sie verschiebt das Gespräch zurück auf die sachliche Ebene und verweigert sich der impliziten Delegitimierung des Anliegens. Denn wer Kritik als Übertreibung abtut, muss sich fragen lassen, wessen Maßstab da eigentlich gilt – und warum.

10.4 Gender

„Jetzt darf man gar nichts mehr sagen."

Diese Phrase ist eine klassische Reaktion auf gesellschaftlichen Wandel, insbesondere im Bereich sprachlicher Sensibilität, Gleichstellung und Diversity. Sie wird dann verwendet, wenn auf diskriminierende, stereotype oder verletzende Aussagen Kritik erfolgt, die dann nicht als Teil demokratischer Auseinandersetzung, sondern als Einschränkung der Redefreiheit interpretiert wird.

„Jetzt darf man gar nichts mehr sagen" ist eine Killerphrase, weil sie den Konflikt um sprachliches Verhalten in ein autoritatives Verbotsszenario verkehrt. Aus sozialer Verantwortung wird angebliche Zensur, aus Widerspruch wird Maulkorb. So entsteht der Eindruck, als sei die freie Meinungsäußerung bedroht, obwohl sie in Wahrheit gerade ausgeübt wird und im offenen Widerspruch beantwortet wird. Diese Rhetorik verschleiert: Niemand verbietet das Sprechen, aber nicht jede Äußerung bleibt unwidersprochen.

Die Phrase funktioniert dabei doppelbödig: Einerseits klagt sie über eine vermeintliche Einschränkung, andererseits beansprucht sie für sich, genau diese Einschränkung durch demonstrative Tabuverletzung zu durchbrechen. Dadurch wird Kritik nicht als legitime Reaktion, sondern als Beweis eines angeblich repressiven Meinungsklimas gedeutet.

Ein Gespräch lässt sich öffnen, indem das Missverständnis zwischen Kritik und Verbot aufgelöst wird und zur Funktion demokratischer Öffentlichkeit zurückgekehrt wird.

„Doch, man darf fast alles sagen. Aber andere dürfen auch sagen, was sie davon halten. Redefreiheit heißt, frei zu sprechen – nicht, frei von Konsequenzen oder Kritik zu bleiben."

Diese Antwort nimmt den Begriff der Freiheit ernst, ohne ihn für rhetorische Immunisierung zu instrumentalisieren. Sie verweist darauf, dass Gesprächsräume nicht durch Widerspruch, sondern durch dessen Unterdrückung verschwinden. Wer wirklich sprechen will, muss auch bereit sein, gehört – und hinterfragt – zu werden.

10.5 Gender
„Das Gendern ruiniert die Sprache."

Diese Phrase richtet sich nicht gegen einzelne Formen geschlechtergerechter Sprache, sondern gegen das Anliegen insgesamt. Sie transportiert ein stark kulturpessimistisches Urteil: Die Sprache – verstanden als gewachsene, kulturell hochwertige Struktur – werde durch bewusste Eingriffe beschädigt. Meist bleibt jedoch offen, worin diese „Zerstörung" konkret bestehen soll. Die Kritik verweigert sich einer differenzierten Auseinandersetzung mit sprachlichem Wandel und verwendet den Begriff der „Ruinierung" als alarmistische Metapher.

„Das Gendern ruiniert die Sprache" ist eine Killerphrase, weil sie die Diskussion auf einen absoluten Gegensatz verengt: natürliche, gewachsene Sprache oder künstliche Eingriffe. Damit wird nicht nur jede Form von Reform oder Innovation delegitimiert, sondern auch jede sachliche Diskussion unterbunden. Die Aussage suggeriert ein normatives Ideal von Sprache – meist orientiert an persönlichen Gewohnheiten oder ästhetischen Vorlieben – und erklärt davon abweichende Sprachverwendung zur Beschädigung.

In der Genderdebatte verhindert diese Haltung, dass gesellschaftliche Inklusion und sprachliche Sichtbarkeit überhaupt thematisiert werden können. Anstatt über Funktion, Wirkung oder Reichweite sprachlicher Mittel zu sprechen, wird die Diskussion moralisch aufgeladen. Das Gendern erscheint nicht als möglicher Beitrag zur Gleichstellung, sondern als Verfallsymptom einer Kultur.

Ein Gespräch lässt sich öffnen, indem man die pauschale Metapher der Zerstörung hinterfragt und die Funktion von Sprache ins Zentrum rückt.

„Sprache verändert sich ständig – nicht durch Zerstörung, sondern durch Gebrauch. Wenn neue Formen hinzukommen, bedeutet das nicht, dass alte verschwinden. Es geht darum, Sprache so zu gestalten, dass sich möglichst viele Menschen darin wiederfinden können."

Diese Antwort stellt dem kulturpessimistischen Impuls eine pragmatische Sichtweise entgegen: Sprache ist kein Denkmal, sondern ein Werkzeug. Und wie jedes Werkzeug darf und muss sie verändert werden, wenn sich ihre Aufgaben ändern. Wer von „Ruinierung" spricht, muss erklären, worin genau der Schaden liegt und warum das fortgesetzte Unsichtbarmachen großer Teile der Gesellschaft nicht schlimmer ist.

10.6 Gender

„Ich will mir nicht vorschreiben lassen, wie ich zu sprechen habe."

Diese Phrase erscheint als Ausdruck individueller Freiheit und Selbstbestimmung, zielt in der Regel jedoch darauf ab, sich gegen sprachpolitische Veränderungen, insbesondere im Hinblick auf geschlechtergerechte Sprache, abzugrenzen. Sie impliziert, dass Vorschläge oder Erwartungen an inklusiven Sprachgebrauch autoritär seien und die persönliche Autonomie verletzen. Tatsächlich richtet sich die Kritik jedoch häufig nicht gegen reale Zwänge, sondern gegen den sozialen Druck, sich mit diskriminierungssensibler Sprache auseinanderzusetzen.

„Ich will mir nicht vorschreiben lassen, wie ich zu sprechen habe" ist eine Killerphrase, da sie eine inhaltliche Debatte durch einen Abwehrreflex ersetzt. Sie verlagert das Gespräch von der Frage nach sprachlicher Wirkung oder Gerechtigkeit hin zur Frage individueller Unabhängigkeit – ungeachtet dessen, dass auch der bisherige Sprachgebrauch immer auf Normen, Konventionen und sozialen Erwartungen beruht. Der eigene Sprachstil wird naturalisiert und Veränderungen erscheinen als willkürliche Eingriffe.

In Genderdebatten blockiert diese Haltung die Frage nach Verantwortung im Sprachgebrauch. Anstatt darüber zu sprechen, wie Sprache gesellschaftliche Realitäten abbildet oder verändert, wird der Diskurs auf die Ebene persönlicher Freiheit reduziert – oft ohne anzuerkennen, dass diese Freiheit immer schon sozial vermittelt ist und nicht grenzenlos.

Ein Gespräch lässt sich öffnen, indem man den Unterschied zwischen Zwang und Verantwortung klärt und auf die soziale Dimension jeder Sprache hinweist.

„Niemand zwingt Sie, bestimmte Wörter zu verwenden. Aber Sprache wirkt immer auf andere, weshalb es legitim ist, über unseren Umgang mit Sprache zu sprechen. Vorschläge zur Veränderung sind keine Vorschriften, sondern Einladungen zur Reflexion."

Mit dieser Antwort wird individuelle Autonomie anerkannt, zugleich wird aber auch deutlich gemacht, dass Sprachgebrauch kein privater Akt ist. Wer mit anderen kommuniziert, übernimmt Verantwortung – auch dafür, was Sprache sichtbar oder unsichtbar macht. Die Freiheit zu sprechen, schließt die Verantwortung ein, gehört und verstanden zu werden – auch von denen, die bislang sprachlich übergangen wurden.

10.7 Gender
„Das ist doch nur ein Modethema."

Diese Phrase wird häufig verwendet, um Anliegen wie geschlechtergerechte Sprache, feministische Perspektiven oder die Sichtbarmachung marginalisierter Gruppen abzuwerten. Damit wird suggeriert, dass es sich bei der Debatte um Genderfragen lediglich um einen vorübergehenden Trend handelt, der keine substanzielle Relevanz hat. Damit wird implizit suggeriert, dass solche Themen nicht ernst genommen werden müssen, da sie angeblich bald wieder verschwinden werden.

„Das ist doch nur ein Modethema" ist eine Killerphrase, weil sie die inhaltliche Auseinandersetzung mit einem gesellschaftlichen Problem durch einen Appell an historische Distanz ersetzt. Warten wir einfach ab – das geht wieder vorbei. Dadurch wird Kritik nicht entkräftet, sondern entzeitlicht: Indem das Thema als kurzlebige Mode dargestellt wird, wird seine politische Dringlichkeit relativiert und delegitimiert. Die Phrase enthebt das Gegenüber der Notwendigkeit, sich sachlich zu positionieren, und schützt vor der Zumutung, sich mit Wandel oder Verantwortung auseinanderzusetzen.

In Genderdebatten dient dieser Satz oft dazu, Gleichstellungsfragen als Lifestyle-Phänomene abzutun und die dahinterstehenden strukturellen Probleme unsichtbar zu machen. Dass es sich um historische Kontinuitäten von Diskriminierung handelt und nicht um modische Launen, wird durch die Rede von der Mode rhetorisch entkräftet.

Ein Gespräch lässt sich öffnen, indem man diese rhetorische Verzeitlichung sichtbar macht und die strukturelle Dimension des Themas betont.

„Wenn ein Thema über Jahrzehnte hinweg von Menschen aufgebracht wird, die von Ungleichheit betroffen sind, dann ist das kein vorübergehender Trend, sondern ein Ausdruck gesellschaftlicher Realität. Was sich verändert hat, ist nicht das Problem, sondern unsere Bereitschaft, darüber zu sprechen."

Mit dieser Antwort wird die Unterstellung der Beliebigkeit zurückgewiesen, ohne polemisch zu werden. Sie verweist auf die historische Tiefe des Anliegens und darauf, dass gesellschaftlicher Fortschritt oft genau dort beginnt, wo vermeintliche Moden beharrlich neue Perspektiven eröffnen.

10.8 Gender
„Die Natur hat zwei Geschlechter – basta."

Mit dieser Phrase wird ein vermeintlich biologischer Befund mit einem autoritativen Schlussstrich kombiniert. Sie wird häufig verwendet, um Diskussionen über soziale, kulturelle oder rechtliche Aspekte von Geschlecht zu beenden, bevor diese überhaupt begonnen haben. Der Satz erhebt einen naturwissenschaftlichen Anspruch, um gesellschaftliche Vielfalt abzuwehren, beispielsweise die Existenz nichtbinärer, trans- oder intergeschlechtlicher Menschen, und entzieht sich durch das nachgestellte „Basta" jeder weiteren Reflexion oder Differenzierung.

„Die Natur hat zwei Geschlechter – basta" ist eine Killerphrase, weil sie Biologie mit gesellschaftlicher Normsetzung verwechselt. Geschlecht wird dabei auf eine binäre, körperlich definierte Kategorie reduziert und es wird ignoriert, dass Geschlecht in Medizin, Psychologie, Soziologie und Rechtswissenschaft längst als vielschichtiges, relationales und dynamisches Phänomen beschrieben wird. Die Phrase schließt nicht nur wissenschaftliche Differenzierungen aus, sondern auch die Lebensrealität vieler Menschen, die sich nicht in das Schema „männlich" oder „weiblich" einordnen.

Gerade in Genderdebatten wird dieser Satz oft als autoritäres Ende einer Diskussion eingesetzt. Er naturalisiert biologische Kategorien und tabuisiert gleichzeitig gesellschaftliche Deutungen. Die Komplexität von Geschlecht wird dabei nicht nur übersehen, sondern aktiv negiert, sodass Abweichungen von der Norm nicht als Varianten, sondern abwertend als Abweichungen erscheinen.

Ein Gespräch lässt sich öffnen, indem man die Differenz zwischen biologischen Fakten und gesellschaftlichen Ordnungen thematisiert und nach der Funktion der Aussage fragt.

„Die Biologie beschreibt viele Dimensionen von Geschlecht – nicht nur zwei. Und selbst wenn es nur zwei biologische Geschlechter gäbe, warum sollte das bedeuten, dass Menschen sich nur auf zwei Weisen erleben, ausdrücken oder gesellschaftlich verorten dürfen? Die Natur liefert keine Vorschriften – wir machen sie daraus."

Diese Antwort stellt dem autoritären „Basta" eine offene Reflexion entgegen, indem sie zwischen Beschreibung und Norm sowie zwischen biologischer Vielfalt und sozialer Ordnung unterscheidet. Wer auf die Natur verweist, sollte auch anerkennen, dass die Natur selbst vielfältiger ist, als es kulturelle Vereinfachungen zulassen.

10.9 Gender
„Das ist alles nur politisch korrekt."

Mit dieser Phrase werden sprachliche und gesellschaftliche Bemühungen um Inklusion, Sichtbarkeit und Diskriminierungssensibilität pauschal abgewertet. Sie unterstellt, dass entsprechende Formulierungen oder Haltungen nicht aus Überzeugung, sondern aus Anpassungsdruck oder Angst vor Kritik entstehen. Dabei wird „politische Korrektheit" als Fremdbestimmung gedeutet – als Ausdruck eines moralischen oder ideologischen Zwangs, dem man sich nicht entziehen kann, ohne Sanktionen zu riskieren.

„Das ist alles nur politisch korrekt" ist eine Killerphrase, weil sie jedes Bemühen um Rücksicht, Respekt oder Gerechtigkeit diskreditiert, noch bevor über Inhalte gesprochen wird. Sie verschiebt den Diskurs von der Sachebene auf die Ebene vermeintlicher Motive: Wer sich inklusiv ausdrückt, tut dies angeblich nicht aus Einsicht, sondern aus Konformitätsdruck. Somit wird nicht mehr über die gesellschaftliche Bedeutung von Sprache diskutiert, sondern über die vermeintliche Unehrlichkeit derjenigen, die sich um sprachliche Fairness bemühen.

In Genderdebatten wirkt diese Phrase delegitimierend, da sie Gleichstellungsanliegen auf performative Gesten oder symbolpolitische Rituale reduziert und ihnen so jede ernsthafte politische oder ethische Grundlage entzieht. Wer über „politische Korrektheit" schimpft, möchte häufig die eigene Sprache von Verantwortung befreien, ohne sich der Frage stellen zu müssen, wen Sprache sichtbar macht – und wen nicht.

Ein Gespräch lässt sich öffnen, indem man den Vorwurf der Unaufrichtigkeit reflektiert und die normative Kraft der Sprache in den Mittelpunkt stellt.

„Sprache ist nie neutral – sie prägt, wen wir wahrnehmen, wie wir über andere sprechen und ob wir sie respektvoll behandeln. Wenn wir also darauf achten, niemanden auszuschließen oder abzuwerten, ist das nicht nur korrekt, sondern auch verantwortungsvoll."

Diese Antwort macht deutlich, dass Rücksichtnahme keine Modeerscheinung oder moralischer Reflex ist, sondern eine Form sozialer Intelligenz. Sie rehabilitiert das Anliegen, ohne sich auf die polemische Ebene des Vorwurfs einzulassen.

10.10 Gender

„Das nimmt langsam absurde Züge an."

Diese Phrase ist ein rhetorisches Mittel der Entwertung durch Übertreibung. Sie signalisiert Ablehnung, ohne konkrete Argumente zu liefern, und inszeniert zugleich eine Grenze des Zumutbaren. Was ursprünglich vielleicht noch nachvollziehbar erschien, wird nun als grotesk, überzogen oder lächerlich dargestellt. Das Ziel besteht darin, Anliegen wie geschlechtergerechte Sprache, inklusive Formulierungen oder die Anerkennung nicht-binärer Identitäten aus dem Bereich der Rationalität zu verdrängen.

„Das nimmt langsam absurde Züge an" ist eine Killerphrase, da die Diskussion nicht durch Argumente, sondern durch ein normatives Urteil über das Maß beendet wird. Dieses Urteil bleibt jedoch subjektiv und unbestimmt. Was genau als absurd empfunden wird, wird meist nicht ausgeführt – es genügt, dass ein Gefühl der Überforderung oder Irritation formuliert wird. Damit immunisiert sich die Aussage gegen jede sachliche Auseinandersetzung: Wer etwas als „absurd" etikettiert, stellt sich außerhalb des Diskurses und erklärt ihn für nicht mehr legitim.

In Genderdebatten wird diese Phrase oft dann verwendet, wenn bisherige Selbstverständlichkeiten infrage gestellt werden, beispielsweise bei der Einführung neuer Pronomen, genderinklusiver Formulare oder kritischer Lehrpläne. Was als ungewohnt oder komplex erlebt wird, erscheint dann nicht als Lernprozess, sondern als Überforderung – mit der rhetorischen Konsequenz: Hier ist eine Grenze erreicht.

Ein Gespräch lässt sich eröffnen, indem die empfundene Absurdität ernst genommen, aber in Relation gesetzt wird – und indem gefragt wird, worin genau das Problem liegt.

„Was genau empfinden Sie als absurd? Dass wir versuchen, Sprache an gesellschaftliche Realität anzupassen, oder dass sich diese Realität verändert? Irritation ist nachvollziehbar, aber vielleicht ist sie auch ein Zeichen dafür, dass wir uns mit etwas Neuem auseinandersetzen müssen."

Diese Antwort entzieht sich einer pauschalen Abwertung, ohne zu belehren. Sie erkennt an, dass Wandel irritieren kann, fordert aber eine Konkretisierung ein und stellt die Gegenfrage: „Was genau ist hier eigentlich zu viel – und für wen?"

Wie man weiterreden kann

Wer eine Killerphrase hört, fühlt sich zurecht provoziert, blockiert oder herabgesetzt. Es liegt nahe, mit einer scharfen Reaktion zu antworten: zu kontern, zu ironisieren oder zurückzuschlagen. Doch wer mit der Keule antwortet, riskiert, das Gespräch zu beenden – oder in eine Spirale der Rechthaberei zu geraten. Genau das ist jedoch nicht das Ziel dieses Buches.

Weiterreden heißt nicht, alles unwidersprochen zu lassen. Es bedeutet, nicht in die Logik der Gesprächsverweigerung einzusteigen, sondern andere Wege zu eröffnen. Killerphrasen leben davon, dass sie scheinbar alternativlos klingen, dass sie die Rede abschneiden oder in einen festgefahrenen Ton überführen. Wer sie erkennt, kann lernen, sie nicht persönlich zu nehmen, sondern sie als Einstieg in eine neue Frage zu nutzen.

Weiterreden bedeutet, Differenz zuzulassen, ohne sie eskalieren zu lassen. Das bedeutet, auf einen Satz wie „Das bringt doch später eh nichts" nicht mit Zynismus zu reagieren, sondern mit einer offenen Gegenfrage wie: „Was genau meinen wir eigentlich, wenn wir von Bildung als ‚nützlich' sprechen?" Oder auf „Die Wissenschaft ist sich doch nie einig" mit „Stimmt – aber vielleicht liegt darin gerade ihre Stärke" zu antworten.

Wer so spricht, lässt die Tür offen. Nicht, weil alles gesagt werden darf, sondern weil nicht alles sofort entschieden werden muss. Weiterreden heißt, Zeit für Argumente zu gewinnen, Raum für Fragen zu schaffen und Verständnis zu ermöglichen, ohne Zustimmung zu erzwingen. Es bedeutet, das Gespräch als Form des Denkens ernst zu nehmen – gerade dann, wenn es schwierig wird.

Gespräche scheitern selten daran, dass jemand widerspricht – sie scheitern oft daran, wie widersprochen wird. Wer Killerphrasen nicht einfach hinnimmt, sondern ihnen etwas entgegensetzen will, steht vor einer doppelten Herausforderung: Einerseits geht es darum, das Gespräch nicht abbrechen zu lassen, andererseits darum, nicht selbst die Tür zuzumachen. Dafür braucht es keine Schlagfertigkeit, sondern Haltung – und ein paar einfache Strategien, die Raum schaffen, ohne naiv zu sein.

Eine erste Strategie ist die Umdeutung: Anstatt eine Phrase direkt zu widerlegen, kann man sie in eine Frage verwandeln. Aus „Das bringt doch später eh nichts" wird beispielsweise: „Was erwarten wir eigentlich von Bildung – und was darf sie kosten, auch wenn sie sich nicht sofort auszahlt?" Wer so reagiert, widerspricht, ohne anzugreifen. Der Satz wird nicht ignoriert, sondern verschoben – vom Abschluss zum Anfang einer neuen Denkbewegung.

Eine zweite Möglichkeit ist das explorative Nachfragen. Wer zum Beispiel auf „Das sagen doch nur die von der Schulwissenschaft" nicht mit einem Faktenfeuerwerk antwortet, sondern mit „Was genau meinst du mit ‚Schulwissenschaft'? Und wie würdest du gute Forschung erkennen?", hält das Gespräch offen, ohne sich auf das Niveau bloßer Gegensätze zu begeben. Auch Spiegeln kann helfen: Nicht gleich gegenhalten, sondern sichtbar machen, was eine Aussage mit dem Gespräch macht. Beispielsweise könnte man fragen: „Wenn du sagst: ‚Die machen eh, was sie wollen' – was bleibt dann eigentlich noch an Handlungsspielraum?" Solche Rückfragen machen deutlich, welche Effekte Killerphrasen haben – oft ohne dass die Sprechenden dies selbst reflektiert haben.

Zuhören ist in diesem Zusammenhang keine bloße Passivität, sondern eine aktive Form der Gesprächsführung. Wer zuhört, um zu verstehen – und nicht nur, um zu antworten –, verändert das Klima. Es geht nicht darum, Killerphrasen zu tolerieren, sondern sie als Symptome zu verstehen: für Frust, Machtlosigkeit, Misstrauen und Vereinfachung. Wer diese Dynamik erkennt, kann sie zwar nicht immer auflösen, aber vielleicht unterbrechen. Und genau darin liegt oft schon der entscheidende Schritt: weiterreden zu können.

Beim Umgang mit Killerphrasen geht es nicht darum, das bessere Argument sofort durchzusetzen oder die eigene Position zu verteidigen. Wer nur Recht behalten will, riskiert, das zu wiederholen, was er an der anderen Seite kritisiert: Dominanz, Abwertung und Gesprächsverweigerung. Killerphrasen lassen sich nicht durch Gegen-Killerphrasen neutralisieren – sie lassen sich nur durch eine bestimmte Haltung unterlaufen.

Haltung bedeutet, sich der eigenen Position bewusst zu sein, ohne sie zum Maß aller Dinge zu machen. Es bedeutet, Unterschiede auszuhalten, Unsicherheiten zu benennen und Ambivalenz zuzulassen – gerade dann, wenn das Gespräch schwierig wird. Haltung zeigt sich nicht in Lautstärke, sondern in Beharrlichkeit. Sie fragt nicht sofort: „Wer hat recht?" Sondern: Was steht hier eigentlich auf dem Spiel? Was will der Satz, den ich gerade gehört habe, abwehren?

Rechthaberei schließt, Haltung öffnet. Rechthaberei will überzeugen, Haltung will verstehen, ohne sich vereinnahmen zu lassen. Sie erlaubt es, auf Killerphrasen nicht nur mit Widerstand, sondern auch mit Klarheit und Offenheit zu reagieren. Zum Beispiel mit einem einfachen: „Ich sehe das anders, aber ich will wissen, wie du zu deiner Sicht gekommen bist." Oder: „Ich widerspreche, aber ich nehme ernst, dass hinter deinem Satz auch eine Erfahrung stehen könnte."

Haltung ist nicht neutral. Sie ist standfest, ohne starr zu sein, und offen, ohne beliebig zu werden. Wer mit Haltung spricht, macht sich nicht kleiner, sondern das Gespräch größer. Und genau das erwarten Killerphrasen nicht.

Diskurs als demokratische Praxis

Killerphrasen funktionieren, weil sie den Diskurs abschneiden – nicht durch Verbot, sondern durch Erschöpfung, Vereinfachung oder Entwertung. Es sind sprachliche Kurzschlüsse, die Komplexität reduzieren, Gegensätze zuspitzen oder die Gegenseite sprachlos machen sollen. Doch gerade in einer Demokratie ist das offene Gespräch keine Luxusangelegenheit, sondern eine Grundbedingung. Wo nicht mehr gestritten wird, wird nur noch entschieden – und wer nicht mehr zu Wort kommt, wird überstimmt, aber nicht überzeugt.

Diskurs als demokratische Praxis bedeutet, dass Widerspruch nicht Störung, sondern Teil des Prozesses ist. Wahrheit setzt sich nicht durch Lautstärke, sondern durch Begründung, Überprüfung und Perspektivwechsel durch. Es bedeutet auch, dass niemand das letzte Wort hat und jede Position der Möglichkeit ausgesetzt ist, ergänzt, korrigiert oder zurückgewiesen zu werden. Wer demokratisch redet, beansprucht nicht, allein recht zu haben, sondern erlaubt, dass auch das Gegenüber recht haben könnte.

Killerphrasen stehen diesem Ideal entgegen, da sie die Gesprächsordnung selbst beschädigen. Sie wirken wie Argumente, sind aber in Wahrheit Redeabbrüche in Argumentform. Wer sie einsetzt, macht sich unangreifbar und entzieht sich zugleich der Verantwortung, am offenen Diskurs teilzunehmen. Deshalb ist die Auseinandersetzung mit Killerphrasen nicht nur rhetorisches Training, sondern politische Arbeit: eine Verteidigung der Möglichkeit, gemeinsam zu denken, zu streiten und zu lernen.

Demokratischer Diskurs braucht keinen Konsens, sondern Rahmen, in denen Dissens möglich bleibt. Wer Killerphrasen erkennt und unterläuft, schützt diesen Rahmen – nicht durch Überlegenheit, sondern durch Gesprächsfähigkeit. Denn wo noch gestritten wird, besteht Hoffnung. Wo nur noch abgewertet wird, beginnt das Schweigen.

Literatur

Besser-Siegmund, Cora (2003) Killerphrasen: wie man Sie knackt; Regensburg, 144 Seiten, ISBN: 3-8029-4630-8

Cicero, Antonia; Kuderna, Julia (2001) Clevere Antworten auf dumme Sprüche: Killerphrasen kunstvoll kontern, Paderborn, 109 Seiten, ISBN: 3-87387-455-5

Herger, Mario (2022) Totschlagargumente für Anfänger: wie Sie erfolgreich jede Diskussion im Keim ersticken, Kulmbach, 150 Seiten, ISBN: 978-3-86470-813-8

Müller, Meike (2003) Killerphrasen ... und wie Sie gekonnt kontern: Frankfurt am Main, 137 Seiten, ISBN: 3-8218-5564-9

Quadbeck-Seeger, Hans-Jürgen; Böck, Harald (2005) Das hat noch nie funktioniert. Die besten Killerphrasen von A wie „Aber" bis Z wie „Zielgruppe", Weinheim, ISBN 3-527-50197-5.

Schleichert, Hubert (2004) Wie man mit Fundamentalisten diskutiert, ohne den Verstand zu verlieren. Anleitung zum subversiven Denken. Beck, ISBN 978-3-406-51124-0